CAMINHO DE INICIAÇÃO
À VIDA CRISTÃ

Quarta Etapa

LIVRO DO CATEQUISTA

Diocese de Caxias do Sul

CAMINHO DE INICIAÇÃO À VIDA CRISTÃ

Quarta Etapa

LIVRO DO CATEQUISTA

Petrópolis

© 2015, Editora Vozes Ltda.
Rua Frei Luís, 100
25689-900 Petrópolis, RJ
www.vozes.com.br
Brasil

1ª edição, 2015.

2ª reimpressão, 2019.

Todos os direitos reservados. Nenhuma parte desta obra poderá ser reproduzida ou transmitida por qualquer forma e/ou quaisquer meios (eletrônico ou mecânico, incluindo fotocópia e gravação) ou arquivada em qualquer sistema ou banco de dados sem permissão escrita da editora.

CONSELHO EDITORIAL

Diretor
Gilberto Gonçalves Garcia

Editores
Aline dos Santos Carneiro
Edrian Josué Pasini
Marilac Loraine Oleniki
Welder Lancieri Marchini

Conselheiros
Francisco Morás
Ludovico Garmus
Teobaldo Heidemann
Volney J. Berkenbrock

Secretário executivo
João Batista Kreuch

Revisão: Jardim Objeto
Projeto gráfico e diagramação: Ana Maria Oleniki
Capa: Ana Maria Oleniki
Ilustração: Daniel de Souza Gomes

ISBN 978-85-326-5058-0

Editado conforme o novo acordo ortográfico.

Este livro foi composto e impresso pela Editora Vozes Ltda.

Sumário

Apresentação 7

Meta a ser alcançada 9

Passos do caminho 9

Orientações práticas 10

Leitura Orante da Palavra 12

1º Encontro: Somos um grupo de discípulos que caminha com Jesus 15

2º Encontro: Minha história de fé...20

3º Encontro: Ser cristão é uma opção de vida 25

4º Encontro: Ser cristão é viver em comunhão......................30

5º Encontro: Minhas relações familiares 34

6º Encontro: "As comunidades" e a comunidade de fé.........39

7º Encontro: Deus visita o seu povo 44

8º Encontro: Com Maria, mulher, se realiza a esperança do povo.............48

9º Encontro: Advento: caminho de conversão 52

10º Encontro: Reencontro: Convertei-vos e crede no Evangelho 56

11º Encontro: Campanha da Fraternidade...............................61

12º Encontro: Reconciliação na vida cristã..............................65

13º Encontro: O plano de Deus na história da salvação 70

14º Encontro: Tríduo pascal 75

15º Encontro: A vida nova em Jesus Ressuscitado 81

16º Encontro: Creio no Espírito Santo 86

17º Encontro: Os frutos do Espírito Santo na vida do cristão 91

18º Encontro: Sacramento da Confirmação 96

19º Encontro: Confirmados no Espírito para sermos a Igreja de Jesus........102

20º Encontro: Confirmados no Espírito para promovermos a vida 107

21º Encontro: Confirmados no Espírito para sermos missionários...................112

22º Encontro: Confirmados no Espírito para vivermos

                a presença de Deus no amor humano 116

23º Encontro: Confirmados no Espírito para sermos fortes

                nas adversidades da vida 121

24º Encontro: Confirmados no Espírito somos jovens cristãos 126

25º Encontro: Meu projeto de vida...131

26º Encontro: Jovem cristão evangeliza jovem 136

ANEXOS 141

ANEXO 1 – CELEBRAÇÕES 143

1. Celebração da Reconciliação (Confissão) 143

2. Celebração da luz e dos dons do Espírito 146

3. Celebração Festiva de envio: Entrega das bem-aventuranças 150

ANEXO 2 – ENCONTROS COMPLEMENTARES 153

Encontro 1: Projeto pessoal de vida 153

Encontro 2: Projeto pessoal de vida e opção vocacional 159

Encontro 3: Dízimo, caminho de conversão 164

Orações do cristão 166

Referências..170

Apresentação

Queridos catequistas!

A Coordenação Diocesana de Pastoral e a Equipe Diocesana de Catequese oferece mais um trabalho que ajuda a continuar a caminhada de formação e contribuir no processo de Iniciação à Cristã de nossos batizados. É o quarto volume, destinado às catequistas que orientam, de maneira especial, os jovens que estão na última etapa deste caminho e que, durante o ano, receberão o Sacramento da Crisma.

É mais um passo na caminhada catequética, que quer despertar nos catequizandos o compromisso de inserir-se na comunidade eclesial e nas pastorais, manifestando que foram conquistados por Cristo e querem servir.

A Diocese de Caxias do Sul orgulha-se por ter alcançado esta meta com a colaboração de padres, irmãs e leigos. É fruto de experiência vivida no dia a dia da catequese. Este trabalho inspira-se nas orientações dos documentos da CNBB e da Igreja universal.

A Bíblia é a fonte inspiradora de cada passo e encontro. Queremos que o jovem, pouco a pouco, se familiarize com a Palavra de Deus, descobrindo que na Bíblia é Jesus quem nos fala e nos ama.

Temos a certeza de que você, catequista, está recebendo um subsídio qu e permitirá um bom desempenho de sua missão. Sabe-se de sua de di cação e doação no serviço do anúncio da Palavra de Deus, ajudando a formar discípulos e missionários de Jesus Cristo, de que a Igreja precisa.

Equipe de Animação Bíblico-Catequética
Diocese Caxias do Sul

Meta a ser alcançada

Com esta etapa, desejamos despertar nos catequizandos o compromisso de ir se inserindo na comunidade paroquial e nas pastorais, com ações concretas voltadas para as pessoas, para a promoção e valorização da vida. Para tanto, propõe-se continuar a pedagogia de uma catequese de Iniciação À Vida Cristã, envolvendo catequizandos, catequistas, pais e toda a comunidade.

Esta quarta etapa é mais um passo do Caminho de Iniciação À Vida Cristã no qual se celebra o Sacramento da Confirmação. No entanto, o caminho é para a vida inteira. Após a celebração do Sacramento da Confirmação, inicia o tempo da responsabilidade pessoal para continuar o caminho da Vida Cristã, para o que se faz necessário:

Prosseguir o seguimento do discipulado na vivência dos tempos fortes do ano litúrgico.

- Fortalecer a participação nas celebrações litúrgicas como centro e alimento da vida cristã e do compromisso missionário.
- Reconhecer e acolher a presença e a força do Espírito Santo na vida, na fé e na maturidade espiritual do cristão.
- Celebrar o dom do Espírito Santo que orienta, dá força para o cristão, ajuda a formar o corpo de Cristo e participar na construção do Reino de Deus.

Passos do Caminho

a. O catequizando é inscrito na primeira etapa da catequese para a Iniciação Cristã na idade de nove anos, seguindo sucessivamente os quatro anos sem necessidade de novas inscrições.

b. A catequese acompanhará o ano litúrgico, desvinculado do ano civil. Iniciará no mês de outubro.

c. Férias: a partir da metade de dezembro até o fim de fevereiro.

d. O reinício dos encontros, no ano seguinte, ocorre no fim de fevereiro ou no início de março, na primeira semana da quaresma, acompanhando o caminho do ano litúrgico, da quaresma e da Páscoa, dando especial atenção ao tríduo pascal. Segue-se com o caminho do ano litúrgico até a metade de setembro.

e. Os encontros catequéticos estão elaborados para facilitar a sintonia, o acompanhamento e a vivência do ano litúrgico. Seguem o método "Jesus, Verdade, Caminho e Vida," e desenvolverão atividades e dinâmicas que envolvam os catequizandos, os pais e a comunidade.

f. Os encontros de catequese não terminam com a celebração do Sacramento da Eucaristia e da Crisma, mas continuam após a celebração do Sacramento até concluir o ano catequético.

g. Os pais ou responsáveis devem acompanhar seus filhos no caminho da Iniciação à Vida Cristã, mostrar interesse, participar juntos nas celebrações da comunidade e ajudá-los na vivência da fé.

h. O espaço *Anotações Pessoais* está reservado para o registro do compromisso ou tarefas, comunicações e lembretes.

Orientações Práticas

a. Chegar antes do horário. Acolher bem os catequizandos e dar a atenção necessária a cada um.

b. Organizar o espaço do encontro juntamente com o grupo, com bom gosto e, sempre que possível, de forma circular.

c. Colocar sempre em destaque a Bíblia, a vela e a simbologia proposta para cada encontro.

d. Criar um clima de amizade. Para que todos possam sentir-se bem. Para isso, procurar dialogar e envolver todos de modo que participem ativamente do encontro.

e. Usar uma linguagem acessível no grupo. Valorizar os dons de cada um. O encontro deve acontecer numa relação de amizade e confiança mútuas, facilitando a experiência do encontro com Jesus. Evitar a linguagem escolar: professor, aluno, sala de aula, aula de catequese.

f. Encontrar meios para conhecer a família dos catequizandos e sua realidade.

g. Preparar bem o encontro, rezar e conhecer o conteúdo que deverá desenvolver com o grupo, organizar a simbologia indicada, prever os materiais a serem utilizados. Prever o que é proposto entre um encontro e outro.

h. Seguir o método proposto no Livro do Catequista, respeitando o tempo litúrgico e zelar pela sequência, bem como, observar as indicações no Caderno do Catequizando.

i. Adaptar as dinâmicas e as atividades conforme a realidade e as necessidades do grupo.

j. Utilizar a Bíblia como texto base para todo o processo catequético da Iniciação à Vida Cristã.

k. Prever com antecedência os momentos celebrativos, na comunidade, para que sejam bem preparados e vivenciados. Dessa forma, se fortalecerá a caminhada da comunidade e o entrosamento com o caminho catequético.

l. Fazer a sua avaliação pessoal a cada encontro. Registrar o que julgar importante para si e para a caminhada do grupo.

m. Enriquecer o encontro com outros recursos disponíveis sem substituir a relação pessoal, o envolvimento e a participação do grupo.

n. Repetir as expressões, orações e mantras quando for necessário. Estas podem ser feitas pelo catequista com frases curtas e o grupo repete.

o. Utilizar os cantos conforme o desenvolvimento do encontro e adaptá-los à realidade local, utilizando recursos visuais adequados ao grupo.

p. Considerar que o Caderno do Catequizando apresenta espaços destinados a registros que facilitem o processo de reflexão sobre as perguntas e atividades propostas. São espaços de uso livre de modo a permitir que o catequista oriente o seu aproveitamento como desejar.

q. Observar que no final do Livro do Catequista encontram-se anexos com encontros e celebrações optativas a ser utilizadas conforme as comemorações da comunidade, dos meses temáticos ou decorrentes da própria etapa.

Leitura Orante da Palavra

Existem muitas formas de lermos a Bíblia. Mas nossa leitura como animadores e animadoras da fé em nossas comunidades e na Iniciação Cristã, deve ser: leitura espiritual, leitura comprometida e transformadora. Não pode ser leitura ingênua, moralista ou fundamentalista. Olhando a história dos cristãos do passado e a vivência das pequenas comunidades, aprendemos um jeito novo de nos aproximarmos da Bíblia.

Em nosso livro de catequese para a Iniciação à Vida Cristã, optamos pelo método da Leitura Orante, pois este método ajuda a assimilar o que a Bíblia diz em Dt 30,14: "A Palavra está muito perto de ti: na tua boca e no teu coração, para que a ponhas em prática".

COMO SE FAZ A LEITURA ORANTE DA PALAVRA?

Antes de tudo, a atitude é colocar-se à luz do Espírito de Deus e pedir sua ajuda. São quatro os passos da Leitura Orante da Palavra: Leitura, Meditação, Oração, Contemplação.

1º Passo: Leitura atenta do texto, feita várias vezes

De acordo com Dt 30,14 – "A Palavra está muito perto de ti: na tua boca" – é chegar perto da Palavra de Deus: a Palavra está na boca. Aqui descobrimos o que o texto diz em si mesmo.

O que diz o texto?
- Considerar o sentido de cada frase.
- Destacar os personagens, as imagens, os verbos.
- Repetir alguma frase ou palavra que mais chamou a atenção.

2º Passo: Meditação

É uma forma simples de meditação, um jeito de saborear o texto com cores e cheiros de hoje, da nossa realidade. "A Palavra está muito perto de ti: na tua boca e no teu coração."

O que o texto me diz?

Ruminar, trazer o texto para a própria vida e a realidade pessoal e social.

- O que Deus está me falando?
- Que conversão me pede?
- Atualizar a Palavra para a realidade do lugar, do grupo, do momento.

3º Passo: Oração

O terceiro passo é a oração pessoal que pode desabrochar em oração comunitária, expressão espontânea de nossas convicções e sentimentos mais profundos. "A Palavra está muito perto de ti: ... no teu coração."

Ler de novo o texto.

O que o texto me faz dizer a Deus?

- Formular a oração, suplicar, louvar a Deus, dialogar com Deus.
- Rezar com um Salmo que expresse o sentimento que está em nós.

4º Passo: Contemplação

Olhar a vida com os olhos de Deus. É o transbordamento do coração em ação transformadora. "Para que ponhas em prática" (Dt 30,14).

Contemplar não é algo intelectual, que se passa na cabeça, mas é um agir novo que envolve todo o nosso ser.

A partir deste texto, como devo olhar a vida, as pessoas e a realidade?

- O que devo fazer de concreto?
- O que ficou em meu coração e me desperta para um novo modo de ser e agir?
- Em quê esta Palavra me ajuda a ser mais discípulo ou discípula de Jesus?

Somos um grupo de discípulos que caminha com Jesus

1º Encontro

Primeira semana de outubro até metade de dezembro

Preparando o encontro

Somos um grupo de discípulos que caminha com Jesus.

Para pertencer ao grupo dos seguidores de Jesus, como cristão, é necessário conhecer quem é Jesus e seu Evangelho. Viver no seguimento de Jesus requer convicção e colocar seu ensinamento na prática de cada dia.

Objetivo: Fazer a memória do caminho percorrido até aqui e apresentar os objetivos da quarta etapa.

Preparação do ambiente: Colocar a Bíblia e a vela no centro da sala. Se houver, apresentar os catequizandos novos. Preparar o grupo para a dinâmica que valoriza o caminho que será feito em conjunto.

1. MOMENTO DE ACOLHIDA E ORAÇÃO

- O catequista se apresenta e apresenta os componentes do grupo, combina os horários, as regras do grupo e os objetivos desta etapa. A dinâmica ajuda o grupo a perceber que farão uma caminhada em conjunto.
- Dinâmica: Eu e o meu grupo (o catequista entrega as perguntas para cada catequizando, em uma folha).
- Cada um responde em particular às perguntas:
    - O que espero do grupo?
    - O que não me agradaria no grupo?
    - O que deixaria de ganhar se não existisse este grupo?

- O que gostaria de receber das pessoas que fazem parte do grupo?
- O que eu posso oferecer ao grupo?
* Cada um responde o que escreveu. Depois de ouvir a todos, conversar:
  - Como fazer para que o grupo caminhe bem, como discípulos de Jesus?
* Motivar para que em silêncio cada um peça ao Senhor que lhe fortaleça a continuar no caminho de seguimento a seu Filho Jesus.
* Convidá-los a ler o que está escrito em seus cadernos e reforçar, comentando: É importante lembrar que este caminho é trilhado com os colegas, o catequista, a comunidade.
* Em sinal da unidade na caminhada e disposição para ajudarem-se uns aos outros para perseverar neste caminho, convidar a rezar juntos: Pai-Nosso, de mãos dadas.
* Comentar: Refletindo sobre o nosso chamado a seguir Jesus, cantar do Pe. Zezinho, a música: *Um certo Galileu*.

(Se o catequista não sabe o canto, providenciar a música.)

2. JESUS VERDADE! AJUDA-ME A CONHECER A TUA PALAVRA

* Leitura do texto bíblico: Lc 9,18-25.
* Reler mais uma vez.
* Vamos refletir e conversar:
  - O que Jesus estava fazendo?
  - Qual é a pergunta que ele faz aos discípulos?
  - O que os discípulos respondem?
  - Como acontece o diálogo?
  - Que palavras ou frases nos chamaram a atenção?

Para reflexão do catequista

Jesus é um homem de oração. Isso é sinal de que Ele reflete muito bem sobre aquilo que ele faz. Por isso, o seu convívio anima as pessoas e as leva a viver bem. Neste momento, Jesus quer saber que ideias o povo faz d'Ele e por isso pergunta: "O que dizem que eu sou"? E pelas respostas dos apóstolos: "uns dizem que és João Batista, outros dizem que és Elias ou algum dos profetas", Ele percebe que o povo não sabe e não o entendem ainda como o Messias, o Salvador. Então ele pedem aos apóstolos, que são do seu grupo e que vivem com Ele, que o identifiquem e digam a todos, que Ele é o Messias (Salvador). Quem o conhece e vive como Ele, vai percebendo que Ele tem uma vida que ensina as pessoas a se salvar! É também para isso que existe o grupo da catequese.

Quem segue Cristo, deve corrigir seu egoísmo, ser justo e ser prestativo para o bem dos outros. Tudo isso é representado no "carregar a cruz".

Documentos da Igreja para a reflexão do catequista

O seguimento de Jesus é apresentado por João Paulo II aos jovens de hoje como um grande ideal de vida: "Jesus pede para o seguir e imitar pelo caminho do amor, de um amor que se dá totalmente aos irmãos por amor de Deus. [...] Seguir Cristo não é uma imitação exterior, já que atinge o homem na sua profunda interioridade. Ser discípulo de Jesus significa tornar-se conforme a ele, que se fez servo até o dom de si sobre a Cruz (cf. Fl 2,5-8). Pela fé, Cristo habita no coração do crente (cf. Ef 3,17), e assim o discípulo é assimilado ao seu Senhor e configurado com Ele" (Splendor Veritatis, 20-21). Também o Documento de Aparecida fala da busca espiritual dos jovens: "Não temem o sacrifício nem a entrega da própria vida, mas sim uma vida sem sentido". [...]"Em sua procura pelo sentido da vida, são capazes e sensíveis para descobrir o chamado particular que o Senhor Jesus lhes faz "(cf DAp 442).

3. JESUS CAMINHO! ABRE MEU CORAÇÃO PARA ACOLHER A TUA VONTADE

- Qual é a lição desta palavra de Jesus?
- O que aprendemos?
- Qual é a condição que Ele coloca para quem quer segui-lo?
- Destaque uma recomendação prática que Jesus dá para os que querem segui-lo.

4. JESUS VIDA! FORTALECE A MINHA VONTADE PARA VIVER A TUA PALAVRA

- Canto: *Jesus, Jesus de Nazaré, o teu semblante eu quero ter.*
- Qual a oração que nasce em nosso coração a partir deste texto que lemos?
- O que queremos dizer a Deus neste momento?

    (orientar a fazer orações espontâneas.)
- Rezar juntos o Salmo 15.

5. COMPROMISSO

- Em dupla, entrevistar algumas pessoas, fazendo estas perguntas:

    1º) Quem é Jesus para as pessoas, no mundo de hoje?

    2º) E para você: Quem é Jesus?

Lembrete:

Para o próximo encontro, trazer algum objeto religioso que expressa o caminho de fé pessoal e de sua família. (Orações, terço, imagens, fotos...)

6. COMPREENDENDO A MISSA

A liturgia eucarística, na missa, começa com a preparação das oferendas, a preparação da mesa, e apresentação dos dons do pão e do vinho sobre o altar, que se transformarão em Corpo e Sangue do Senhor Jesus. São frutos da terra e do trabalho humano. Simbolizam toda a realidade humana de alegrias e sofrimentos, sonhos e esperanças. Neles reconhecemos a bondade de Deus em criar tudo e a capacidade humana de transformar as coisas, colaborando com a criação. Quando há a procissão dos dons, pode ser proposto um canto que a acompanha. Depois, o sacerdote reza bendizendo pelo pão e pelo vinho: "Bendito sejais, Senhor, Deus do universo, pelo pão, pelo vinho, que recebemos de vossa bondade...". O povo pode responder apenas cantando ou rezando: "Bendito seja Deus para sempre".

AVALIAÇÃO DO CATEQUISTA

Durante a semana, avaliar o encontro. Anotar os pontos fortes. Como se sentiu? Os objetivos foram alcançados? Quais foram as dificuldades encontradas? Alguém no grupo está resistindo a participar ou vem forçado para a catequese?

2º Encontro

Minha história de fé

Preparando o encontro

Nós somos feitos para Deus. Acreditamos que Ele é presença permanente em nossa vida. Desde o nosso batismo, o dom da fé, como uma semente, foi lançado em nós e vai crescendo ao longo de nossa vida. Devemos ter a certeza de que Deus vai nos aperfeiçoando.

Objetivo: Ajudar os catequizandos perceberem o caminho de fé percorrido até aqui. Reforçar a decisão de continuar com firmeza a opção realizada.

Preparação do ambiente: Bíblia e vela, objetos, símbolos e fotos relacionados à prática de vivência de fé e objetos religiosos de uso pessoal.

1. MOMENTO DE ACOLHIDA E ORAÇÃO

- Motivar: Iniciemos este nosso encontro com o sinal da cruz.

Canto: a critério do catequista conforme o tema do encontro.

- Iniciando a conversa:
  - Comentar: Estamos reunidos para continuar nossos encontros. No último encontro conversamos sobre a importância de sermos um grupo que caminha com Jesus. Não somos um grupo qualquer.
- Antes de começarmos o tema de hoje, vamos ouvir o trabalho que os grupos fizeram durante a semana.

  (A entrevista em duplas e a síntese em grupo).

- O catequista escuta o relato e depois faz a pergunta:
  - Qual o ensinamento desta experiência de entrevistar as pessoas e depois fazer o trabalho em grupo?

- Destacar: Hoje a reflexão proposta tem como tema: "Minha história de fé". Fé é abertura para Deus, confiança Nele, atitude de se apoiar em sua força e em sua segurança. Ter fé é acima de tudo aceitar a Cristo como Evangelho do Pai e comprometer-se na missão de evangelizar.
- Incentivar dizendo: "Para ajudar a entender, vamos fazer juntos uma dinâmica".

  Dinâmica: "Eu tenho uma história pessoal de fé." Fazer uma retomada da minha vida pessoal, percebendo as marcas e os acontecimentos que foram significativos na minha história.

  - Passos:
    - Criar um ambiente com música suave.
    - Respirar, tranquilizar-se, relaxar todas as partes do corpo.
    - Levar o grupo a fazer uma retomada da desde a infância até a idade atual.
    - Recordar orações, objetos, símbolos e fotos da prática de fé que faz parte da vida de cada um, no nascimento, no batismo, no lugar onde nasceu, nas pessoas da família, e nos pais.
    - Motivar as pessoas para partilharem os símbolos, as marcas da história, os sentimentos, as pessoas que ensinaram.
      (Cada um poderá apresentar o que trouxe de casa.)
    - Concluir falando sobre o desafio de buscar as origens, a história da fé, para melhor se conhecerem, se aceitarem e estarem integrados(as) uns com os(as) outros(as), na família e na comunidade.

Canto: *Jesus, Jesus de Nazaré, o teu semblante eu quero ter. Tal qual és tu, eu quero ser. Jesus, Jesus de Nazaré.*

- Comentar: A Palavra de Deus é sempre viva, nos ilumina e nos ensina como vivermos este tempo. Vamos escutar.

2. JESUS VERDADE! AJUDA-ME A CONHECER A TUA PALAVRA

- Alguém proclama o texto de Fl 3, 7-14.
  (Outra pessoa proclama novamente.)
- Repetir palavras que são ditas no texto.
- O que São Paulo quer dizer quando afirma: "considero tudo uma perda"?

Para reflexão do catequista

A nossa história de fé começa na família e cresce na comunidade. É ali que aprendemos "as coisas de Deus". Na família e na comunidade aprende-se a valorizar e praticar orações e devoções, como: terço, devoção aos santos, à Nossa Senhora, o sentido da missa, da Semana Santa, dos tempos litúrgicos do Natal, da Páscoa e outros. Neste texto, São Paulo falando do jeito do seu tempo, mostra que quando ele conheceu Jesus Cristo, tudo aquilo que ele aprendera antes, passou para um segundo lugar ("considero perda"), pois agora, para ele, viver é "ser cristão". O que importa para Paulo, é praticar os ensinamentos de Cristo, pois Ele não ensina só regras, mas ensina dar a vida para o bem dos outros. Para ele, Jesus é opção de vida. Neste texto ele mostra que "ter fé em Jesus" não é só aprender e saber algo, mas viver em relação aos outros como Ele viveu. E quem vive assim é como Jesus Cristo: faz morrer as maldades, vive e testemunha os gestos de salvação e ressuscita. São Paulo, a partir do momento da sua conversão e da formação cristã que recebeu, passa a dizer que o viver, para ele, é Cristo. O que importa e interessa para Paulo é colocar em prática os ensinamentos de Jesus. Seguir Jesus é "lucro", vale a pena, é uma opção de vida. São Paulo deixa de lado o seu passado de perseguidor dos cristãos. O que importa agora é a vida nova em Cristo e a morte daquilo que afasta do amor de Deus.

Documentos da Igreja para a reflexão do catequista

Já nos dizia o Papa Paulo VI, num importante documento, que "a evangelização há de conter sempre, ao mesmo tempo como base, centro e ápice do seu dinamismo - uma proclamação clara que, em Jesus Cristo, Filho de Deus feito homem, morto e ressuscitado, a salvação é oferecida a todos os homens, como dom da graça e da misericórdia do mesmo Deus"(Evangelii Nuntiandi, 27). Nossa fé concentra-se em Jesus Cristo, como, muitas vezes, foi afirmado na doutrina da Igreja. João Paulo II convidou os cristãos a "partir de Cristo" na evangelização: "o programa já existe: é o mesmo de sempre, expresso no Evangelho e na Tradição viva.

Concentra-se, em última análise, no próprio Cristo, que temos de conhecer, amar, imitar, para n'Ele viver a vida trinitária e com Ele transformar a história até à sua plenitude na Jerusalém celeste" (Novo Millennio Ineunte, 29). Ele nos recorda, ainda, que "a Jesus só se chega verdadeiramente pelo caminho da fé" (Novo Millennio Ineunte, 19). Além de São Paulo, outros santos testemunham a centralidade de Cristo em suas vidas, como Santa Teresinha do Menino Jesus: "O coração do meu Esposo é todo meu, como o meu coração é todo seu"(CT 122).

3. JESUS CAMINHO! ABRE MEU CORAÇÃO PARA ACOLHER A TUA VONTADE

- Vamos conversar e depois registrar no caderno as conclusões.
    - O que aprendemos desta Palavra?
    - Como é ter fé em Jesus, hoje?
    - O que esta Palavra nos pede para viver, a partir deste encontro?

4. JESUS VIDA! FORTALECE A MINHA VONTADE PARA VIVER A TUA PALAVRA

- Orientar para que em silêncio, cada um reze a Deus. Depois de um tempo, motivar com a pergunta:
    - O que vou dizer a Deus, a partir da Palavra que hoje refletimos?

        (Deixar um tempo de silêncio e depois pedir para que espontaneamente partilhe a oração.)

Rezar juntos o *Salmo 27*. Após, destacar palavras e frases do Salmo.

Canto: *Há um barco esquecido na praia* – Pe. Zezinho.

(Prever a letra ou a música.)

5. COMPROMISSO

- Qual é o gesto concreto de conversão que vamos assumir?
- Fazer, com ajuda dos pais, numa folha, a linha do tempo da historia de fé da família. Elencar fatos, acontecimentos (doença, morte, nascimento, casamento, provações, perdas), que exigiram uma resposta de fé na vida da família.

6. COMPREENDENDO A MISSA

Durante a preparação das oferendas, os fiéis são motivados a levarem suas oferendas até os pés do altar. Pode ser dinheiro, alimento, outras ofertas ou apenas ofertar a si mesmo. É um belo gesto de partilha entre os irmãos. Expressa a união do sacerdócio comum dos fiéis ao sacerdócio de Cristo, povo sacerdotal que oferece e se oferece.

Esse momento ritual é acompanhado pela mistura de um pingo de água no vinho. Este simboliza a união da divindade da pessoa de Jesus com a nossa humanidade. O gesto do sacerdote de lavar as mãos expressa seu desejo interior de purificação. A oração sobre as oferendas expressa a unidade da comunidade ao sacrifício redentor de Cristo. As oferendas têm sentido pelo que está para acontecer: "Receba, ó Senhor, este sacrifício, para a glória de seu nome, para o nosso bem e de toda a Santa Igreja." Conclui-se a preparação das oferendas e em seguida reza-se a Oração Eucarística.

AVALIAÇÃO DO CATEQUISTA

Durante a semana, avaliar o encontro. Anotar os pontos fortes. Como se sentiu? Os objetivos foram alcançados? Quais foram as dificuldades encontradas?

Ser cristão é uma opção de vida

3º Encontro

Preparando o encontro

Ser cristão não é uma imposição. Cada um deve fazer sua escolha. Seguir Jesus e se comprometer com Ele, exige que decidamos a viver, com alegria e entusiasmo, os valores do Evangelho.

Objetivo: Ajudar o catequizando a compreender que ser cristão é uma escolha pessoal de vida, que exige uma opção clara e decidida.

Preparação do ambiente: Colocar a Bíblia, a vela e a gravura ou imagem de Jesus Cristo no centro. Prever alguns participantes para que entrem com a Bíblia na hora do canto.

1. MOMENTO DE ACOLHIDA E ORAÇÃO

- Vamos iniciar nosso encontro cantando o sinal da cruz.
- Canto de acolhida adequado ao tema do encontro.
- Comentar: No encontro passado, conversamos sobre a nossa história de fé. Vocês realizaram a tarefa?

(Deixar que cada um faça o relato da história de fé da sua família.)

- Questionar: O que aprendemos fazendo esta tarefa?
- Iniciando a conversa:
  - Comentar: Hoje o tema que temos para aprofundar é: "Ser cristão é uma opção de vida".
  - Questionar: Como vocês compreendem a expressão: opção de vida?
  - Convidar, após a conversa, a ler em seus cadernos: a opção é a escolha fundamental para vida, forma decisiva de vivê-la, por um ou outro caminho. É a adesão a uma causa que orienta toda a existência.

25

É o ideal que abre horizontes para o bem. A pessoa necessita de um processo de amadurecimento, através do qual ela vai escolhendo, de acordo com os valores que cultiva em si. A opção por Cristo nos torna cristãos. É escolher e viver as atitudes e os sentimentos iguais de Jesus Cristo. Ser um cristão é uma escolha, uma opção de vida que fazemos em cada momento da existência humana.

- Motivar a receber a Bíblia que vai ser trazida por alguns catequizandos e será colocada no centro do encontro, junto com a gravura ou imagem de Jesus Cristo e a vela. Durante este processo, todos cantam.

Canto: *Pelo batismo recebi uma missão* ou outro adequado ao tema.

2. JESUS VERDADE! AJUDA-ME A CONHECER A TUA PALAVRA

- Leitura do texto bíblico: Lc 14,15-24.
- O catequista lê novamente o texto, pausadamente e salientando algumas palavras.
- Convidá-los a refletir e partilhar:
    - Qual a parábola que Jesus conta?
    - Que desculpas os convidados dão para não participarem do banquete?
    - Quem são os convidados que aceitam o convite?

Para reflexão do catequista

O Reino de Deus é apresentado como um grande banquete, uma grande festa. Nós todos somos chamados a participar desse banquete. Viver ou não como Jesus ensina é comparado a atitude de participar ou não de uma grande festa. Todos somos ensinados a viver a forma bonita e alegre da vida em Cristo. Mas da mesma forma que fizeram as primeiras comunidades que recusaram essa festa, muitas não atendem a Deus e preferem ocupar-se com seus interesses. Quem descobre a vida segundo Deus são os pobres, os cegos e os necessitados. São representantes daquelas pessoas que sabem sair de si e conviver com os demais. Jesus percebe que as pessoas simples têm boas inclinações e realizam boas ações. Então, receber o convite de Jesus para a sua festa, significa fazer uma opção de vida que exige renúncias e desapegos! Jesus quer pessoas livres, conscientes, decididas e responsáveis, isto é, que vivam sua palavra. Jesus não quer multidão, massa anônima. Ele não quer cristãos por conveniência, nem por medo ou obrigação. Ele quer pessoas que ajudem a anunciar e viver a Palavra de Deus e assumam a cruz de cada dia, com as diversas provações. Ser cristão é assumir uma missão com Deus: "eu vim para que todos tenham vida e vida em abundância". Vivemos isto promovendo e participando nas diversas pastorais e movimentos de evangelização. Nesta festa de Cristo há lugar para todos.

"A decisão é tua".

Documentos da Igreja para a reflexão do catequista

O Documento de Aparecida nº 12 comenta que a fé cristã necessita de elementos práticos e persistentes para fazer frente às dificuldades próprias do cotidiano. A bagagem e o elenco de práticas fragmentadas esmorecem os projetos pessoais à luz da Palavra de Deus e a experiência vital da comunidade. Para o batizado, a exigência vai além de adesões seletivas e parciais das verdades da fé, a uma participação ocasional em alguns Sacramentos, à repetição de princípios doutrinais, a moralismos brandos e crispados. Ser cristão requer a decisão livre da pessoa. Pela obediência da fé a pessoa se entrega inteira e livremente a Deus e lhe oferece a homenagem total de sua inteligência e vontade (cf. Dei Verbum, n. 5). No processo ou itinerário de iniciação, a pessoa é envolvida em todas as esferas e dimensões do ser, pois a pessoa humana é um todo humano, social, religioso, psicológico, etc (cf CNBB, Iniciação à vida cristã: um processo de inspiração catecumenal, 65). "A dignidade do homem exige que ele possa agir de acordo com uma opção consciente e livre, isto é, movido e levado por convicção pessoal e não por força de um impulso interno cego ou debaixo de mera coação externa"(Gaudium et Spes, 17).

3. JESUS CAMINHO! ABRE MEU CORAÇÃO PARA ACOLHER A TUA VONTADE

- Vamos conversar:
    - Quais são as opções que aparecem no texto?
    - Em nossa vida, damos muitas desculpas?
    - Por que as pessoas escolhem um caminho e deixam outros?
- Comentar que a música *Vocação*, do Padre Zezinho, possui uma letra que nos ajuda a entender o que é uma opção de vida. Motivá-los a cantar prestando atenção em sua mensagem. Após convidar a responder em seus cadernos e partilhar a seguinte questão:
    - O que este canto nos ensina a partir do encontro de hoje?

4. JESUS VIDA! FORTALECE A MINHA VONTADE PARA VIVER A TUA PALAVRA

- O que a Palavra de Deus, que hoje ouvimos, nos faz dizer a Deus?
- Que oração fazemos a Deus em nosso coração? (Fazer silêncio.)
- Indicar para rezar juntos:

    Oração: *Diante da imagem de Jesus que está no meio de nós, peçamos a São Francisco que nos ajude a ser instrumentos da paz, ele nos inspire como deixar que Jesus se sirva de nós para fazer o bem, para promover a paz e para fazermos escolhas certas.*

    (Preparar o texto para os catequizandos.)

- Concluir este momento com a oração de São Francisco.

5. COMPROMISSO

- Sugestão de atividade: Fazer um cartaz "opção de vida", com nomes e gravuras de pessoas que sofreram o martírio por optarem em ser cristãos. Também pode-se encontrar notícias que relatam a perseguição e a violência sofrida por cristãos no mundo por causa da fé.
- Explicar o que significa ser mártir.

6. COMPREENDENDO A MISSA

Terminada a preparação das oferendas, inicia a Oração Eucarística. Inicia com o diálogo introdutório do *prefácio* entre o presidente da celebração e a assembleia, animada pelo Espírito, para que esta tome consciência de que é a ação de todos: "O Senhor esteja convosco" - "Ele está no meio de nós." Então, a Assembleia, unida pela presença do Senhor (cf. Mt 18,20), pode prosseguir: "Corações ao alto"- "O nosso coração está em Deus". A liturgia requer seres humanos integrados para o culto divino. A Deus ama-se com todo o coração, com toda a alma e toda a força (cf. Dt 6,4). Uma vez assegurado que o coração está em Deus, vem o terceiro elemento, o convite a dar graças a Deus pela história da salvação: "Demos graças ao Senhor, nosso Deus".

– "É nosso dever e nossa salvação". É nossa vocação dar graças a Deus pelo dom da vida, pela aliança que o Senhor faz conosco, apesar de nossas infidelidades.

AVALIAÇÃO DO CATEQUISTA

Durante a semana, avaliar o encontro. Anotar os pontos fortes. Como se sentiu? Os objetivos foram alcançados? Quais foram as dificuldades encontradas?

4º Encontro

Ser cristão é viver em comunhão

— Preparando o encontro —

Ninguém pode ser cristão sincero e verdadeiro sem estar unido aos outros que optaram pela mesma fé. A vida do cristão é vida em comunhão de fé, pois em comunidade crescemos na adesão a Jesus Cristo. É vida em comunhão de caridade, pois junto com os outros precisamos agir na construção de um mundo fraterno e justo.

Objetivo: Crescer na consciência que a fé em Jesus Cristo nos torna novas criaturas e desafia a vida de comunhão.

Preparar o ambiente: Colocar no centro da sala um crucifixo, junto com a Bíblia e a vela.

1. MOMENTO DE ACOLHIDA E ORAÇÃO

- Iniciemos cantando três vezes o sinal da cruz.

    (Logo após o canto, o crucifixo passa de mão em a mão para que todos possam fazer um gesto: beijo ou veneração.)

- Retomada do encontro anterior:
    - O catequista retoma o encontro passado e pede para apresentar e explicar os cartazes "Opção de vida" que foram feitos durante a semana.
    - Deixar tempo para alguma pergunta ou complementação. A catequista reforça a ideia sobre as dificuldades e as possibilidades de que "ser um cristão é uma opção de vida". Retoma quais são as implicações destas escolhas.

- Iniciando a conversa:
    - O Cristão não vive sozinho. Ser cristão é viver em comunhão, é ser solidário. Comunhão é o espírito do repartir, do partilhar. É o contrário do espírito egoísta que deseja tudo para si próprio. Comunhão é relacionar-se, conviver com os outros. O cristão não é uma pessoa isolada, é membro de uma comunidade de pessoas que partilham de um mesmo ideal de fé. Em Cristo descobre-se a **fraternidade. Viver em comunhão é viver no Espírito de Jesus.**
    - Comentar que o tema do encontro trata do fato de que ser cristão é viver em comunhão, partilhando a mesma fé, respondendo as inquietações que os ensinamentos de Jesus provocam em cada um.
- Convidá-los a cantar *Jesus Cristo me deixou inquieto*, do Pe. Zezinho, e depois do canto conversar sobre as duas questões:
    - Por que depois de conhecer os ensinamentos de Jesus o nosso olhar sobre as coisas e o mundo muda?
    - O que significa a frase: "Coração daquele que tem fé vai mais longe, bem mais que seu pé"?

2. JESUS VERDADE! AJUDA-ME A CONHECER A TUA PALAVRA

- Leitura do texto bíblico: Col 3,5-17.
- Repetir palavras e frases que são ditas no texto.
- Alguém conta o que diz o texto.
- Destacar palavras e expressões que mais chamaram atenção.

Para reflexão do catequista

O cristão é aquele que vai polindo, cuidando e mudando seu modo de ser com os outros ("renovar sua imagem"). A vida só poderá ser boa se houver correção das atitudes pessoais. É preciso abandonar as práticas do mal e revestir-se do homem novo, transformando-se em pessoas novas, isto é, pessoas que vivem na justiça, na santidade e na verdade. Somente assim a pessoa será imagem de Deus. As pessoas não podem se matar. Devem matar seus vícios, raivas e ganâncias para viver na comunhão para a qual Deus as criou. A Palavra de Deus ajuda o ser humano construir a vida de comunhão e vida nova que o orienta e ensina a ser livre.

Quem não consegue superar seus medos, não consegue viver bem com os outros e não testemunha a comunhão. É ainda "homem velho" porque está cheio de egoísmo, inveja e corrupção. A melhor vida em comunidade se faz com a bondade do coração de cada pessoa. Isso torna as pessoas "criaturas novas" em Cristo e com os outros.

Documentos da Igreja para a reflexão do catequista

"Deus não criou o homem solitário. Desde o início, 'Deus o criou homem e mulher' (Gn 1,27). Esta união constituiu a primeira forma de comunhão de pessoas. O homem é, com efeito, por sua natureza íntima, um ser social. Sem relações com os outros, não pode nem viver nem desenvolver seus dotes" (Gaudium et Spes, 12). Esta mesma verdade é expressa no Catecismo da Igreja Católica: "A pessoa humana tem necessidade de vida social. Esta não constitui para ela algo de acrescentado, mas é uma exigência de sua natureza. Mediante o intercâmbio com os outros, a reciprocidade dos serviços e o diálogo com seus irmãos, o homem desenvolve as próprias virtualidades; responde assim à sua vocação" (Catecismo da Igreja Católica, n. 1879).

3. JESUS CAMINHO! ABRE MEU CORAÇÃO PARA ACOLHER A TUA VONTADE

- O que este texto tem a ver com a nossa vida, nos tempos de hoje?
- Escrever no caderno e partilhar:
  - Qual é o aprendizado que temos, através deste texto?

4. JESUS VIDA! FORTALECE A MINHA VONTADE PARA VIVER A TUA PALAVRA

- O que esta Palavra que ouvimos me faz dizer a Deus?
- Que oração (de louvor, perdão ou súplica) brota do meu coração? (Preces e orações espontâneas.)

- Vamos rezar cada um, uma Ave-Maria. Peçamos à Maria, nossa mãe, que nos ensine a entender o sentido cristão quando se vive em comunidade.

Canto: *Os cristãos tinham tudo em comum*

5. COMPROMISSO

- Qual é o gesto concreto de conversão que vamos assumir?
- Nossa família participa da comunidade? Por quê?
- Participar em algum momento da comunidade durante a semana. Depois escrever no caderno qual foi a experiência vivida.
- Caso você já participe da comunidade, escolher um momento para relatar.

6. COMPREENDENDO A MISSA

A ação de graças, na Oração Eucarística, é expressa de modo particular no *prefácio*, momento "em que o sacerdote, em nome de todo o povo santo, glorifica a Deus e lhe rende graças por toda a obra da salvação ou por um de seus aspectos, de acordo com o dia, a festividade e o tempo" (IGMR 79, a). O louvor dirige-se ao Pai e se concentra em anunciar algum aspecto da história da salvação: "Na verdade é justo e necessário, é nosso dever e salvação, dar-vos graças sempre e em todo lugar...". Eucaristia é dar graças e bendizer a Deus. Animados pelo espírito do ressuscitado, a assembleia dos convocados dá graça ao Deus de Jesus.

AVALIAÇÃO DO CATEQUISTA

Durante a semana, avaliar o encontro. Anotar os pontos fortes. Como se sentiu? Os objetivos foram alcançados? Quais foram as dificuldades encontradas?

5º Encontro

Minhas relações familiares

───── Preparando o encontro ─────

Nossos vínculos familiares precisam ser permanentemente avaliados a fim de que tudo concorra para que na família cresça o mútuo apoio, a serenidade de ânimo e a compreensão. Na família, devemos desenvolver o respeito pelas pessoas, suas ideias e seu jeito de viver.

Objetivo: Descobrir o sentido de pertença afetiva e efetiva nas relações familiares como crescimento nos valores cristãos.

Preparação do ambiente: Gravuras daquilo que se considera família real e ideal, a Bíblia, flores e uma vela.

1. MOMENTO DE ACOLHIDA E ORAÇÃO

- Iniciemos este quinto encontro saudando nosso Deus, Santíssima Trindade, com o sinal da cruz.

- Convidar a cantar com alegria *Oração da família*, do Pe. Zezinho, comentando que a sua letra introduz no tema do encontro de hoje: minhas relações familiares.

- Iniciando a conversa:
  - O catequista conversa sobre os encontros que já foram realizados nesta etapa. Procura situar o momento que estão vivendo e o motivo de estar nesta etapa. Depois, solicita que relatem a atividade de uma experiência vivida na comunidade, na semana que passou.
  - Comentar: O matrimônio e a vida familiar é o ambiente próprio para viver virtudes como o amor, a fidelidade, o perdão e a generosidade em prol dos outros. A vida em um ambiente familiar saudável é de

suma importância para o desenvolvimento da pessoa. É nela que se estabelecem os vínculos de confiança, de respeito por si e pelos outros.

- Questionar: Como estão as minhas relações familiares?
- Destacar que as vezes há momentos familiares conflitantes e de tensões. É preciso compreender e rever as relações familiares e descobrir o quanto temos a crescer para viver melhor o Evangelho de Jesus Cristo.

- Sugere-se ao catequista pesquisar e fazer uma dinâmica em que os catequizandos, individualmente, possam elaborar o perfil sobre a família real e a ideal. Depois deste momento, convidá-los a partilhar, possibilitando-lhes identificar:
  - Os elementos comuns entre a família real e a ideal.
  - Comparar com as propostas de seus colegas, relacionando as semelhanças e diferenças.
  - Convidá-los a observar o seu papel e contribuição na família (atitudes, gestos, colaboração) para que ela se aproxime da família ideal que deseja ter.

2. JESUS VERDADE! AJUDA-ME A CONHECER A TUA PALAVRA

- Comentar: A Palavra de Deus que vamos ouvir nos ajuda a perceber como Jesus se relaciona com a sua família. Vamos nos preparar para escutá-la, cantando.

Canto: adequado para proclamação da Palavra.

- Leitura do texto bíblico: Lc 2,41-52.
- Pedir que alguém conte a história que foi lida.

  (Se precisar ler de novo o texto.)

- Convidar a refletir e partilhar:
  - O que a família de Jesus estava fazendo?
  - O que aconteceu com Jesus?
  - Qual foi a reação de Jesus frente a sua família? Por quê?

Para reflexão do catequista

A família inicia e se sustenta no amor mútuo, primeiramente entre os pais e depois com os filhos. Jesus também foi acolhido numa família que, com alegria e provações, o educou na fé, nos costumes, no respeito às pessoas e a Deus. Na época de Jesus, aos doze anos, a criança deveria assumir seus deveres na comunidade e, então, a família a levava para comemorar no templo, celebrando a Páscoa. Era quando a criança recebia a lei de Deus para se instruir. As famílias organizavam-se em caravanas, reunindo parentes e vizinhos. Quando Jesus foi levado ao templo, junto com seus pais, começou a aprender e cumprir seu dever religioso: amar a Deus, honrar pai e mãe, etc. Assim, Ele passou a compreender melhor o espírito de sua religião, descobrindo que fazia parte de uma segunda família, que tem Deus como Pai e Mãe. No entanto, Jesus segue sendo membro responsável de uma família humana, aprendendo a conviver, trabalhar e cumprir seus deveres de filho. Com doze anos, sente-se integrante da família do Povo de Deus e cooperador da realização da aliança.

Documentos da Igreja para a reflexão do catequista

"A família é importante e central em relação à pessoa. Neste berço da vida e do amor, o homem nasce e cresce: quando nasce uma criança, à sociedade é oferecido o dom de uma nova pessoa, que é 'chamada desde o seu íntimo, à comunhão com os outros e à doação aos outros' " (Compêndio da Doutrina Social da Igreja, 212). É na família que se aprende a amar: "A família propõe-se como espaço daquela comunhão, tão necessária em uma comunidade cada vez mais individualista, que faz crescer uma autêntica comunidade de pessoas, graças ao incessante dinamismo do amor, que é a dimensão fundamental da experiência humana e que tem precisamente na família um lugar privilegiado para manifestar-se"(Compêndio da Doutrina Social da Igreja, 221).

3. JESUS CAMINHO! ABRE MEU CORAÇÃO PARA ACOLHER A TUA VONTADE

- Orientar para conversar e depois registrar no caderno.
  - O que este texto traz de inspiração para minha vida em família, mesmo que ela não seja a família dos meus sonhos?
  - O que eu posso fazer para mudar a vida em minha família?

4. JESUS VIDA! FORTALECE A MINHA VONTADE PARA VIVER A TUA PALAVRA

- Motivar fazer preces espontâneas respondendo a pergunta:
  - O que eu quero pedir ou louvar a Deus neste momento, a partir da leitura e reflexão deste texto bíblico?
  - Após cada prece, repetir: *Jesus, tem piedade da minha família!*
- Rezar juntos o Salmo 141.

5. COMPROMISSO

- Dividir o grupo em dois e programar uma entrevista. Um grupo entrevista pais perguntando sobre o relacionamento familiar, as dificuldades e os desafios. O outro grupo entrevista adolescentes e faz a mesma pergunta.
- Organizar com os grupos os detalhes da entrevista analisando se, além desta pergunta, há outras que considerem importantes fazer e, se sim, defini-las em consenso, quando será realizada.
- Indicar para que, como compromisso pessoal, busquem encontrar resposta sobre o que cada um pode ou precisa fazer para garantir o bom relacionamento na sua família.

6. COMPREENDENDO A MISSA

A conclusão do *prefácio* apresenta a união da assembleia terrestre com a celeste, como por exemplo: "Por ele, os anjos celebram vossa grandeza e os santos proclamam vossa glória. Concedei-nos também a nós associar-nos a seus louvores, cantando a uma só voz." E proclamam sem parar (cf. Ap 5,8): "Santo, Santo, Santo, é o Senhor, Deus do universo, o céu e a terra estão cheios de vossa glória. Hosana nas alturas. Bendito o que vem em nome do Senhor. Hosana nas alturas" (Ap 5,8). Terra e céu, assembleia terrestre e celeste, em uma única voz para louvar e bendizer o Santo dos Santos, que está sentado no trono, e ao Cordeiro (cf. Ap 7,9). O Santo deve ser cantado por todo o povo, junto com o sacerdote.

AVALIAÇÃO DO CATEQUISTA

Durante a semana, avaliar o encontro. Anotar os pontos fortes. Como se sentiu? Os objetivos foram alcançados? Quais foram as dificuldades encontradas?

"As comunidades" e a comunidade de fé

6º Encontro

Preparando o encontro

Em todas as formas de agrupamentos humanos pode haver crescimento de relações fraternas e solidárias. Na comunidade de fé, que se concretiza na Igreja, esta realidade, porém, se torna um compromisso de vida no estabelecimento dos valores do Evangelho no seio da sociedade humana.

Objetivo: Ajudar o catequizando a diferenciar as comunidades (clubes, comunidades virtuais e a comunidade de fé).

Preparação do ambiente: Bíblia, vela, uma cruz e palavras escritas em tiras de papel: comunidade de fé, sociedade, comunidade virtual, clube, associação, agremiação...

1. MOMENTO DE ACOLHIDA E ORAÇÃO

- Motivar: Com alegria, vamos dar início ao sexto encontro desta quarta etapa da Iniciação à Vida Cristã. Saudemos a Santíssima Trindade, cantando: Em nome do Pai, do Filho e do Espírito Santo!

Canto: adequado ao tema do encontro.

- O catequista retoma o encontro anterior sobre o tema trabalhado: as relações familiares. Pedir que o grupo conte a experiência de diálogo feito com a família e como percebeu as relações familiares.

- Iniciando a conversa:
  - Comentar: Hoje, a proposta é que façamos uma reflexão e análise sobre "a comunidade" como elemento essencial na vida e no desenvolvimento da pessoa. Nela nos relacionamos e criamos vín-

culos. A comunidade cristã sempre apresenta uma dimensão de fé e amor que liga e enriquece seus participantes pela fé em Jesus Cristo.

- Quantos tipos de comunidades existem?

  (Clubes, comunidades virtuais e a comunidade de fé.)

- E em quais nós participamos? Como é nossa participação? Qual é o objetivo de cada comunidade?

- Existe diferença entre a comunidade-igreja e os demais tipos de comunidades? Como percebemos isso?

2. JESUS VERDADE! AJUDA-ME A CONHECER A TUA PALAVRA

- Convidar: Vamos aclamar a Palavra de Deus que será proclamada e iluminará o nosso encontro de hoje, cantando: *Fala Senhor*.
- Leitura do texto bíblico: Mt 13,44-50.
- O catequista vai lendo o texto em pequenas frases e o grupo vai repetindo o que ele lê.
- Convidar a refletir e partilhar:
  - Do que Jesus está falando?
  - Que palavra ou expressão chamou a atenção?
  - O que seria o "tesouro escondido"?

Para reflexão do catequista

Este trecho do Evangelho esclarece o assunto central dos Evangelhos, o chamado Reino de Deus. Jesus compara o Reino de Deus a um tesouro escondido e a uma pérola preciosa. Uma pessoa os encontra e vende tudo para adquiri-los. O Reino representa os valores de vida que Jesus Cristo mais ensinava ao povo: viver com justiça, sendo solidários, participantes, servidores e vivendo na partilha. Para Jesus e as comunidades, isto está acima de qualquer riqueza e de qualquer prestígio. Os cristãos devem descobrir o valor deste modelo de viver que Jesus ensina: olhar a vida com os olhos de Deus, como Cristo ensinou, com a certeza que "o Reino de Deus está no meio de nós".

No final, ele compara os dois tipos de vida: de quem vive conforme o Reino de Deus e de quem vive contra os valores do Reino: os peixes bons e ruins que são pescados.

O que Jesus ensina é como pérola, um tesouro. Para descobrir isso, é que temos a catequese, a comunidade e a família. Descobrir o valor de um irmão, tornar-se seu amigo, colaborar no mútuo bem, fazer feliz o outro e experimentar a justiça é "tesouro" para o homem. Pérola preciosa é a que cabe em nosso coração: desejo de servir, vontade de conhecer Cristo amigo e Salvador, imergir nos Sacramentos da Igreja e ser povo a caminho. Na comunidade não basta só boa-vontade, precisa-se também da tolerância, paciência, bondade e amor. Viver os valores, isto é, os tesouros do Reino de Deus implica um espírito de conversão permanente.

Documentos da Igreja para a reflexão do catequista

A vida cristã requer viver em comunidade. É ela quem identifica a ação conjunta. A exemplo dos primeiros cristãos e à luz das experiências vividas ao longo da história do povo de Deus, a comunidade reúne "as famílias, as paróquias, as comunidades de base, outras pequenas comunidades e movimentos". A comunidade é o espaço físico e afetivo do encontro, lugar em que o discípulo faz o aprendizado com os irmãos na fé, " vivendo o amor de Cristo na vida fraterna solidária" (cf, Documento de Aparecida, 278d). Ainda, "Nas pequenas comunidades eclesiais temos um meio privilegiado para chegar a Nova Evangelização e para chegar a que os batizados vivam como autênticos discípulos e missionários de Cristo. Elas são um ambiente propício para se escutar a Palavra de Deus, para viver a fraternidade, para animar na oração, para aprofundar processos de formação na fé e para fortalecer o exigente compromisso de ser apóstolos na sociedade de hoje"(cf. Dap n. 307-308).

3. JESUS CAMINHO! ABRE MEU CORAÇÃO PARA ACOLHER A TUA VONTADE

- Indicar para responder e conversar:
  - O que Jesus quer dizer com estas duas parábolas?
  - Qual o ensinamento que Ele nos dá?
  - Como escolher o verdadeiro tesouro entre as diversas comunidades que existem?
- Motivar: Vamos aprender o canto *Balada por um Reino* (Pe. Zezinho). Ele nos ajuda a entender o que é o Reino do qual Jesus fala no texto bíblico, lido e refletido neste encontro.

4. JESUS VIDA! FORTALECE A MINHA VONTADE PARA VIVER A TUA PALAVRA

- Orientar: Cada um, em silêncio, faça sua oração a Deus conforme a Palavra inspirou.

  (Deixar cada um fazer sua oração. Depois, se alguém quiser partilhar com o grupo, reze em voz alta.)

- Convidar: Rezemos o Pai-Nosso prestando atenção nas palavras. Nesta oração nós pedimos: "Venha a nós o vosso Reino". Ergamos nossos braços em forma de súplica: Pai-Nosso...

5. COMPROMISSO

- Em grupo, fazer um cartaz com o nome da comunidade de fé que participam, escrevendo os serviços ou trabalhos que existem e estão organizados. (O catequista organiza os grupos.)
- Perceber se existe grupo de jovem na comunidade e como está organizado. Se não existe, perguntar-se o porquê.
- Combinar para o próximo encontro: Durante a semana, providenciar recortes de jornais e revistas que comunicam a chegada do Natal (comércio, ofertas, promoções).

6. COMPREENDENDO A MISSA

Outro elemento que compõe a Oração Eucarística é a epiclese, isto é, a "invocação sobre" as oferendas do pão e do vinho e da comunidade convocada por Deus. Na epiclese sobre as oferendas, a Igreja, por meio do sacerdote, pede ao Espírito Santo que transforme o pão e o vinho em Corpo e Sangue de Cristo, alimento espiritual para nossa caminhada rumo ao céu e fonte de unidade entre os irmãos. "Na verdade, ó Pai, vos sois santo e fonte de toda santidade. Santificai, pois, estas oferendas, derramando sobre elas o vosso Espírito, a fim de que se tornem para nós o Corpo e Sangue de Jesus Cristo, vosso Filho e Senhor nosso" (Oração Eucarística II). E pede ao Espírito que transforme todos aqueles que participam da Eucaristia em um só corpo e um só Espírito. A epiclese sobre a assembleia vem depois da oblação.

AVALIAÇÃO DO CATEQUISTA

Durante a semana, avaliar o encontro. Anotar os pontos fortes. Como se sentiu? Os objetivos foram alcançados? Quais foram as dificuldades encontradas?

7º Encontro

Deus visita o seu povo

―― Preparando o encontro ――

Preparando o advento e Natal

O tempo do advento nos ajuda a preparar bem o Natal. É uma oportunidade para "ir criando o clima" que nos faça sentir que Deus vem a nós para apresentar seu projeto de amor fraterno e nos mostrar o caminho da felicidade verdadeira.

Objetivo: Compreender o sentido do advento e ajudar o grupo a viver este tempo que prepara a chegada do Deus que vem habitar na história humana.

Preparação do ambiente: Coroa do advento com 4 velas, guirlanda, recortes de jornais e revistas, a imagem do menino Jesus, com a frase "Deus visita o seu povo". (Acender uma vela a cada semana do advento.)

1. MOMENTO DE ACOLHIDA E ORAÇÃO

- Iniciemos este nosso encontro com o sinal da cruz.
- Iniciando a conversa:
  - Fazer memória do encontro anterior. Solicitar que apresentem e expliquem o cartaz que fizeram, em grupo, com o nome da comunidade de fé (Fixar os cartazes na sala de encontros).
  - Convidar a apresentar para o grupo os recortes que falam sobre o Natal e questioná-los:
  - De qual Natal está se falando? (Conversar)
  - Podemos dizer que este natal anunciado é cristão? (Refletir com o grupo.)
- Comentar: Vivemos numa sociedade consumista que transforma tudo em objeto de compra e venda. Também o Natal não escapa a esta fúria do consumo.

- Orientar a colocar a imagem do menino Jesus sobre os recortes.
- Motivar os catequizandos a conversar sobre: como transformar o Natal do consumo na chegada de nosso Deus-Menino?
- **Convidar para cantar juntos:** *Vem Senhor Jesus.*

2. JESUS VERDADE! AJUDA-ME A CONHECER A TUA PALAVRA

- Leitura do texto bíblico: Lc 1,67-79.
- Convidar a refletir e partilhar:
    - Quem era Zacarias?
    - De que fala a oração que Zacarias fez?
    - Destacar os verbos que estão no texto.

Para reflexão do catequista

O advento está iniciando. Vivemos este clima de preparação para o Natal. Para uma boa preparação, a primeira atitude é perceber Deus sempre presente na vida. Para isso, deve-se descobrir os seus sinais. A segunda atitude é entender bem, como João Batista descobre a presença de Deus e como ele prepara o povo para que acolha Deus que se revelará no nascimento de Cristo Salvador.

É o jeito como o catequista, os pais, o padre e demais lideranças devem agir para buscar se assemelhar a Ele. É importante entender que Jesus nasce para revelar a vida conforme Deus a planejou. A missão de João Batista, que prepara o povo, representa a missão de cada líder, dos pais e dos catequistas.

Nesse texto bíblico, Jesus é comparado a um bom rei, que trabalha bem para o seu povo! É rei servidor, não dominador. A sua chegada manifesta a bondade de Deus. Ele traz a salvação a seu povo. Essa é a responsabilidade de quem quer se preparar bem para o Natal. E além do mais, quem escreveu esse trecho está dizendo que por traz de tudo que alguém faz de bom para acolher bem Jesus, está a ajuda de Deus, que inspira e revela.

O Messias que nasce será o sol que guiará o povo pelo caminho da paz. É necessário acolher e se deixar iluminar pela verdadeira luz: Jesus, o Messias, Filho de Deus.

Documentos da Igreja para a reflexão do catequista

Ao escrever aos cristãos, na conclusão do Ano Jubilar de 2000, João Paulo II disse:"O cristianismo é religião entranhada na história. Com efeito, foi no terreno da história que Deus quis estabelecer com Israel uma aliança e, deste modo, preparar o nascimento do Filho no ventre de Maria, 'na plenitude dos tempos' (Gl 4,4). Visto no seu mistério divino e humano, Cristo é o fundamento e o centro, o sentido e a meta última da história. De fato, foi por Ele, Verbo e imagem do Pai, que 'tudo começou a existir' (Jo 1,3; cf. Cl 1,15). A sua encarnação, que culminou no mistério pascal e no dom do Espírito, constitui o coração pulsátil do tempo, a hora misteriosa em que o Reino de Deus passou a estar ao nosso alcance (cf. Mc 1,15), antes lançou raízes na nossa história como semente destinada a ser uma grande árvore (cf. Mc 4,30-32)" (Novo Millennio Ineunte, 5).

3. JESUS CAMINHO! ABRE MEU CORAÇÃO PARA ACOLHER A TUA VONTADE

- Explorar as questões analisando com os catequizandos como as pessoas e eles se preparam para a chegada do Deus que vem habitar na história humana.
  - Como eu espero o Natal? Quais são as minhas preocupações e as de minha família? Por quê?
  - É possível haver Natal sem Jesus? Então porque no shopping não aparece Jesus, mas somente luzes, brilhos, presentes, neve e papai-noel?
  - Na sociedade atual: onde está o aniversariante (Jesus) no dia de seu aniversário? Porque ele foi descartado? Por quem Ele foi trocado?

4. JESUS VIDA! FORTALECE A MINHA VONTADE PARA VIVER A TUA PALAVRA

- O que a Palavra de Deus, hoje, me faz dizer a Deus?
- Após cada um escrever sua oração, convidá-los a rezá-la em silêncio e motivar a cantar: *Neste tempo de advento vosso povo quer se unir, vai ficando mais atento, vem rezar e refletir: Vinde, Senhor Jesus. Vinde orientar-nos com vossa luz!*

- Orientar: Esperando Jesus, o sol nascente que nos vem visitar, rezar juntos o Cântico de Zacarias em Lc 1, 67-79.

5. COMPROMISSO

- O tema do encontro diz que Deus visitou o seu povo. Sugere-se visitar diferentes lugares: o hospital, as famílias, a escola, o asilo, os pobres, os trabalhadores... Para quem será que Deus nos pede para fazer uma visita?
- Você está esperando a visita de Deus neste Natal? E na visita, o que pedirá a Deus? (A catequista escuta as sugestões e ajuda a tomar a decisão.)
- Depois da visita, cada catequizando vai escrever um texto sobre a experiência vivida e entregar para o catequista. A visita ajudou a pensar no sentido do Natal? Por quê?
- Combinar uma confraternização para depois do próximo encontro definindo o que cada um pode trazer. (Fazer a lista.)

6. COMPREENDENDO A MISSA

"Fazei isto em memória de mim". O relato da instituição da Eucaristia é encontrado nos textos de Mc 14,12-31; Mt 26, 17-35; Lc 22, 7-20.31-34 e 1Cor 11,23-26. Pelos gestos e palavras, sob a força do Espírito Santo, o pão e o vinho se tornam sacramentalmente, Corpo e Sangue de Cristo, oferecidos na cruz, por um gesto de total amor de Jesus, para a nossa salvação, uma vez por todas. Quem participa da Eucaristia faz o seu êxodo, isto é, participa do memorial da passagem de uma situação de escravidão e sofrimento para a liberdade e vida nova dos filhos da aliança. Celebramos a morte e ressurreição de Jesus, sua Páscoa, no hoje de nossa vida, até que ele venha para a comunhão definitiva com o Pai.

AVALIAÇÃO DO CATEQUISTA

Durante a semana, avaliar o encontro. Anotar os pontos fortes. Como se sentiu? Os objetivos foram alcançados? Quais foram as dificuldades encontradas?

8º Encontro

Com Maria, mulher, se realiza a esperança do povo

Preparando o encontro

Estudando com atenção o cântico de Maria, vamos perceber qual a compreensão de Deus que ela tem. Ela coloca fé no Deus que salva e quer bem a aqueles que vivem uma vida justa e praticam a caridade.

Objetivo: Ajudar o catequizando a compreender quem é Deus que Maria professa e anuncia no Magnificat.

Preparação do ambiente: Colocar a imagem ou gravura de Maria em destaque. Colocar a Bíblia e flores. Pedir para alguém acender a vela do advento. Preparar uma mesa para as comidas e bebidas da confraternização.

1. MOMENTO DE ACOLHIDA E ORAÇÃO

- Convidar a iniciar este encontro com o sinal da cruz: Em nome do Pai, do Filho e do Espírito Santo. Amém.
- Convidar a cantar em espírito de oração: *Senhor vem salvar teu povo*
- Iniciando a conversa:
  - O catequista deixa um tempo inicial para conversar com o grupo sobre a visita realizada durante a semana.
  - Recolher os textos que cada um escreveu do registro sobre a visita feita ao longo da semana. Se alguém quiser ler ou comentar, deixar tempo.
  - Recordar o que significa este "tempo do advento".

- Explicar: Hoje o tema que vamos refletir é: "Com Maria, mulher, se realiza a esperança do povo", e questionar:
  - O que vocês sabem sobre Maria?
  - De quem vocês aprenderam isso?
    (Deixar um tempo para esta conversa.)
  - Convidar a cantar a música *Maria de Nazaré* (Pe. Zezinho), que ajuda a conhecer quem é Maria, a mãe de Jesus e nossa mãe.

2. JESUS VERDADE! AJUDA-ME A CONHECER A TUA PALAVRA

- Leitura do texto bíblico: Lc 1,46-55.
- Solicitar que pensem a partir das questões e depois partilhem:
  - Por que Maria fez esta oração?
  - De que assunto trata esta oração?

Para reflexão do catequista

O Evangelista Lucas nos revela o jeito de Maria ser e viver, coerente, simples e sinal da presença de Deus. Ela será mãe de quem melhor revelará Deus, que é Jesus Cristo, o Filho de Deus.

A oração deste texto bíblico mostra a maneira como as pessoas humildes ou pobres e acolhedoras rezam: elas reconhecem que Deus quer liberdade e justiça. Deus mostrará isso por meio de Jesus. Como pessoa humana, que traz em si a esperança de todo o povo, Maria realiza sua parte em favor do povo que espera o salvador. Maria foi uma pessoa exemplar, pois soube descobrir Deus em tudo, no bem, nas coisas boas que existem e que se deseja.

Esta oração ajuda entender o que Maria vive e Jesus aprenderá dela. São sinais da salvação de Deus. A oração de Maria revela o que Deus faz por meio dela e o sonho de vida justa para todos. Ser assim é imitar Maria. Seu cântico mostra que a forma de agir de Deus será também a forma de agir de Jesus. Como? Através da sua ação de salvação em favor do seu povo, dos pobres que confiam e esperam em Deus. Sua ação é resumida em sete palavras: explicou, dispersou, destruiu, exaltou, preencheu, despediu, socorreu.

Documentos da Igreja para a reflexão do catequista

O Papa João Paulo II na homilia Zapopán evidencia ao falar de Maria que "O Magnificat é espelho da alma de Maria". Comenta que o texto tem características poéticas e expressa "a espiritualidade dos pobres de Javé e o profetismo da Antiga Aliança. É o cântico que anuncia o novo Evangelho de Cristo. É o prelúdio do Sermão da Montanha". Resume que Maria ao se manifestar vazia de si mesma deposita toda a confiança na misericórdia do Pai. No Magnificat manifesta-se como modelo para os que não aceitam passivamente as circunstâncias adversas da vida pessoal e social, nem são vítimas da alienação, com se diz hoje, mas que proclamam com ela que Deus 'exalta os humildes' e se for o caso 'derruba os poderosos dos seus tronos', conforme relato no Documento de Puebla, nº 297. Continua o Documento de Puebla no nº 302 quando faz referências às palavras de Paulo VI que assinala a amplidão do serviço de Maria com palavras que têm um eco muito atual em nosso Continente: ela é 'a mulher forte que conheceu a pobreza e o sofrimento, a fuga e o exílio; situações estas que não podem escapar à atenção de quem quiser dar apoio, com espírito evangélico, às energias libertadoras do homem e da sociedade'".

3. JESUS CAMINHO! ABRE MEU CORAÇÃO PARA ACOLHER A TUA VONTADE

- Orientar a responder no caderno:
    - Após a leitura deste texto, sinto-me desafiado, a fazer o que?
    - O que a atitude de Maria e Isabel me convida a fazer na minha vida?

Canto: *O Senhor fez em mim maravilhas.*

4. JESUS VIDA! FORTALECE A MINHA VONTADE PARA VIVER A TUA PALAVRA

- Convidar a rezar a Ave-Maria da seguinte forma: enquanto cada um reza uma Ave-Maria, a imagem de Maria vai passando de mão em mão. (Quem recebe a imagem reza a Ave-Maria, depois passa para o colega que estiver ao seu lado.)

- Explicar que o canto *Maria de Minha Infância*, (Pe. Zezinho), nos ajuda a entender o motivo pelo qual Maria realizou a esperança de seu povo.
- Convide-os a cantá-lo. Para isso sugere-se providenciar a **letra da música**.

5. COMPROMISSO

- Conversar com a mãe sobre os momentos do nascimento: a decisão de engravidar, como foi a gestação, quem apoiou o nascimento, as dores, as alegrias...

Lembrete:

Para o próximo encontro, cada um deverá trazer algo que mais gosta para simbolicamente dar de presente. Caso não seja possível trazer o original, poderá ser usado um desenho ou mesmo a palavra escrita que representa o objeto.

- Motivar para o momento de confraternização.

6. COMPREENDENDO A MISSA

A consagração do pão e do vinho é seguida pela anamnese, ou recordação-aclamação memorial da nossa fé: "Anunciamos, Senhor, a vossa morte e proclamamos a vossa ressurreição. Vinde, Senhor Jesus". Essa aclamação deve ser feita por toda a comunidade. Esse é o mistério da nossa fé. Como escreveu São Paulo, "se Cristo não ressuscitou, vã é nossa fé". Proclamada por toda a assembleia litúrgica, expressa a fé em que Jesus de Nazaré que ressuscitou e está vivo, e junto com ele, todos nós.

AVALIAÇÃO DO CATEQUISTA

Durante a semana, avaliar o encontro. Anotar os pontos fortes. Como se sentiu? Os objetivos foram alcançados? Quais foram as dificuldades encontradas?

9º Encontro

Advento: caminho de conversão

Preparando o encontro

O tempo do advento nos convida à conversão. Isto significa que precisamos olhar com atenção como está nossa vida. Conhecendo o significado do Natal, não podemos nos deixar levar só pelo aspecto comercial desta festa. O Natal deve marcar nosso jeito de viver.

Objetivo: Compreender que é possível fazer a experiência de conversão realizando pequenas atitudes a fim de preparar-se com alegria para o Natal.

Preparação do ambiente: Bíblia, barbante, imagem do menino Jesus. Acender as velas do advento.

1. MOMENTO DE ACOLHIDA E ORAÇÃO

- Iniciemos nosso encontro com o sinal da cruz: Em nome do Pai, do Filho e do Espírito Santo.
- Propor para conversar explorando:
  - A vinda do Cristo deve fazer que procuremos sinceramente acolhê-lo pela estrada da conversão sincera. Que devemos fazer para bem prepararmos o santo Natal?
  - Que devemos fazer para acolher o Senhor no dia a dia? Sermos fraternos, solidários, caridosos, não violentos e nem gananciosos! Em outras palavras: Convertei-vos, abri vosso coração! Abrir o coração para os irmãos é abri-lo para acolher o Deus que vem em Jesus!
- Convidar para cantar: *Eis o tempo de conversão*. Explicar que este canto nos ajuda a entender o Advento.

- Iniciando a conversa:
    - Retomar os encontros que já trataram o tema do advento. O catequista motiva os participantes para a dinâmica de Natal de autoria de Rosaly Aparecida Curiacos de Almeida Leme (conferir no site www.catequisar.com.br) ou criar uma dinâmica própria.

2. JESUS VERDADE! AJUDA-ME A CONHECER A TUA PALAVRA

- Leitura do texto bíblico: Lc 3,10-17.
- Alguém lê novamente o texto.
- Solicitar para refletir e partilhar:
    - De quem João Batista está falando?
    - Que exigências João faz ao responder à pergunta?

Para reflexão do catequista

Por causa do ensino público de João Batista, que lemos neste trecho bíblico de hoje, muita gente do povo percebeu que devia mudar de vida. Aqueles que procuravam João pediram: O que então devemos fazer?

Primeiro: Aqueles que têm muito e não repartem com ninguém, João lhes mostra que o certo é repartir o que sobra.

Segundo: Aqueles que são corruptos, João os provoca a ser honestos e justos nos negócios.

Terceiro: Aos soldados que representam todos os que tem responsabilidades, João lhes mostra que não é com violência ou maus tratos que se cuida do povo.

Então, João diz que ele está ensinando as pessoas a se converterem.

Para acolher Jesus é preciso ter uma vida como a Dele. Se não for assim, o Natal será uma festa vazia. Dar-se conta de erros que se têm e prejudicam, é converter-se. Esta é a lição deste encontro de preparação ao Natal. Queremos nos preparar bem para a vinda do Menino Jesus neste Natal? O que devemos fazer?

Documentos da Igreja para a reflexão do catequista

A "expectativa vigilante e alegre" que caracteriza o tempo do advento, também é um convite à acolhida e à conversão, como reza-se no *prefácio* do advento I: "Agora e em todos os tempos, ele vem ao nosso encontro, presente em cada pessoa humana, para que o acolhamos na fé e o testemunhemos na caridade, enquanto esperamos a feliz realização de seu Reino". Teilhard de Chardin em seu livro O Meio Divino condensa a espiritualidade do advento nestas palavras: "Os israelitas foram perpétuos "expectantes"; e os primeiros cristãos também. Porque o Natal, que deveria – parece – inverter nosso olhar e concentrá-lo no passado, não fez outra coisa que levá-los cada vez mais para frente". Ainda refere-se de que ELE se fez carne e como humano viveu as condições de homem, porém "o Messias não se deixou ver e tocar, a não ser para perder-se, ainda mais uma vez, mais luminoso e inefável, nas profundezas do futuro". Na sua intuição mística insiste: "Mas, agora, devemos esperá-lo ainda e de novo, não mais somente um pequeno grupo escolhido, mas todos os homens, mais do que nunca". Afirma que "O Senhor Jesus só virá depressa, se nós o esperarmos muito. É uma acumulação de desejos que deve fazer estourar a parusia". Haverá de ser um acúmulo de desejos que fará explodir o seu retorno". Relata que o homem quanto mais for grande, maior será a humanidade unida à força do divino, assim será digno da ressurreição (cf. TEILLARD, Pierre de Chardin. O Meio Divino. Petrópolis: Vozes, 2010, p. 130- 131).

3. JESUS CAMINHO! ABRE MEU CORAÇÃO PARA ACOLHER A TUA VONTADE

- Motivar a pensar sobre a seguinte questão: Se a mesma pergunta que a multidão fez a Jesus fosse feita hoje a você: "O que é que devemos fazer?" O que responderia?
- Pedir que escrevam no caderno, primeiro individualmente e depois em duplas conversar e elaborar uma resposta.
- As duplas podem ler o que escreveram.

- Conversar sobre as atitudes que devem ser revisadas para viver a espiritualidade do Natal, convertendo-se dia a dia.

Canto: *Vem ó Senhor com o teu povo caminhar.*

4. JESUS VIDA! FORTALECE A MINHA VONTADE PARA VIVER A TUA PALAVRA

- Convidar: Todos de mãos dadas, diante da imagem do menino Jesus, vamos fazer preces espontâneas, repetindo após cada prece: *Vem, Senhor! Vem, nos salvar, com teu povo vem caminhar.*
- Concluir com um canto adequado ao tema.

5. COMPROMISSO

- Vamos nos motivar e preparar com simplicidade um enxoval para uma criança pobre que vai nascer. Depois, programar a visita para fazer a entrega.

6. COMPREENDENDO A MISSA

O próximo elemento da Oração Eucarística é a oblação, momento no qual a Igreja, realizando o memorial eucarístico, oferece ao Pai o Corpo e o Sangue de Cristo como oferta agradável a Deus em ação de graças pela ação salvadora de seu Filho e deseja que seus fiéis também sirvam o Deus de Jesus e busquem a santidade. Como exemplo, eis a oblação da Oração Eucarística V: "Recordamos ó Pai, neste momento, a paixão de Jesus, nosso Senhor, sua ressurreição e ascensão; nós queremos a vós oferecer este Pão que alimenta e que dá vida, este Vinho que nos salva e dá coragem".

AVALIAÇÃO DO CATEQUISTA

Durante a semana, avaliar o encontro. Anotar os pontos fortes. Como se sentiu? Os objetivos foram alcançados? Quais foram as dificuldades encontradas?

10º Encontro

Reencontro: "Convertei-vos e crede no Evangelho"

Primeira semana da quaresma

Preparando o encontro

A Igreja inteira inicia o tempo da quaresma. Este tempo nos convoca a uma revisão profunda de nossa vida, de nossas atitudes, de nossa maneira de pensar e de agir. Quaresma é tempo de conhecer e viver o mistério da paixão, morte e ressurreição de Jesus. A Palavra de Deus nos ilumina e nos ensina a viver este tempo quaresmal nos convidando à conversão e a crer na Boa Nova de Jesus.

Objetivo: Expressar a alegria de se reencontrar para dar continuidade ao Caminho de Iniciação à Vida Cristã e introduzir o grupo para a vivência do tempo liturgico em preparação à Páscoa.

Preparação do ambiente: Priorizar a forma circular, com a Bíblia, a vela e um pratinho com cinzas, uma cartolina ou papel grande com pincéis ou canetinhas e a frase: "Que bom que você veio".

1. MOMENTO DE ACOLHIDA E ORAÇÃO

- Motivar o grupo dizendo: Queridos catequizandos, queridas catequizandas, com alegria nos encontramos novamente reunidos, após um período de férias, descanso, troca de atividades e convivências. Vamos nos acolher mutuamente com alegria e um abraço fraterno, dizendo uns para os outros: *Seja bem-vindo(a), com você quero construir um caminho de fraternidade.*

Canto: apropriado para o momento.

- Conduzir o grupo solicitando e dizendo:
  - Iniciemos este nosso encontro com o sinal da cruz: Em nome do Pai... Que a graça e a paz de Jesus, o amor do Pai e a força do Espírito Santo esteja com cada um de vocês.
- O Salmo 133 expressa a alegria do povo reunido. Rezemos juntos este Salmo (procurar na Bíblia).
- Convidar o grupo a partilhar como foram as férias.

  (Deixar tempo para contar.)

Canto: *Irmão é bom se encontrar.*

- Comentar: O nosso encontro de hoje, o primeiro no início deste ano, já nos coloca em comunhão com o tempo litúrgico da quaresma que estamos iniciando. Ao ler o texto inicial deste encontro entendemos que este é o tempo de conhecer e viver o mistério da paixão, morte e ressurreição de Jesus. O tema e a frase que nos acompanha ao longo deste encontro e do tempo quaresmal é: "Convertei-vos e crede no Evangelho".

2. JESUS VERDADE! AJUDA-ME A CONHECER A TUA PALAVRA

- Convidar o grupo para um momento de silenciamento enfatizando que a Palavra de Deus é sempre viva e nos ilumina, nos ensina como vivermos este tempo quaresmal. Incentive os catequizandos a preparar o coração e a mente, procurando não se distrair e nem distrair os colegas, para escutá-la.
- Leitura do texto bíblico: Mt 6,1-6.16-18.
- Orientar a refletir e partilhar:
  - O que Jesus diz no Evangelho que ouvimos?
  - Para quem Ele está falando?
  - Que expressões nos chamaram a atenção?
  - Destaque as três atitudes práticas que chamou a sua atenção para podermos viver a justiça do Reino.

Para reflexão do catequista

O evangelista Mateus, com este texto, orienta a comunidade a viver por Jesus Cristo e não fazer espetáculos para contentar egoísmos ou vaidades individuais. Jesus ensina as pessoas a ter comportamentos com intenções corretas. Nada na vida deve ser falso ou simples espetáculo, principalmente quando se refere a Deus. Ele quer sinceridade. Até aquilo que é muito bom, como a oração, não fica bem quando feito somente para que os outros vejam. Isso menospreza quem é mais pobre e **ofende quem reza com sinceridade diante de Deus.**

Nesta preparação para a Páscoa somos convidados a rever nossas atitudes: Quais são os gestos que fazemos em favor dos pobres? Nós participamos da comunidade? Fazemos a experiência de Deus? Privamos-nos de alguma coisa para dar a quem necessita?

A verdadeira justiça que Deus quer é não nos exibirmos por termos condições e nem nos entregarmos ao consumismo sem ter necessidades, enquanto outros não têm o que comer. A Palavra nos pede para ajudar a criar uma sociedade mais justa, fraterna e solidária com os irmãos. Usar os bens só para si é sinal de egoísmo e injustiça. Converter-se é reconhecer que tudo o que temos é dom de Deus. Viver a fé é partilhar, é ser solidário.

Documentos da Igreja para a reflexão do catequista

A oração, o jejum e a esmola são as atitudes que caracterizam a conversão cristã próprias para o tempo da quaresma. São Pedro Crisólogo assim explicou:"Três são, irmãos, os recursos que fazem com que a fé se mantenha firme, a devoção seja constante e a virtude permanente". Traduzindo para a linguagem eclesial os recursos se definem : a oração, o jejum e a misericórdia. "Porque a oração chama, o jejum intercede, a misericórdia recebe. Oração, misericórdia e jejum constituem um só e única coisa, e se vitalizam reciprocamente. O jejum, com efeito, é a alma da oração, a misericórdia é a vida do jejum (PL 52, 320.322)". Logo traduzindo para o catecumenato: "O tempo da purificação e iluminação dos catecúmenos é normalmente a quaresma. De fato, na liturgia e na catequese, mediante a lembrança ou a preparação do batismo e pela penitência", porque a quaresma tem a finalidade de dar "aos catecúmenos e estes a toda a comunidade dos fiéis e os dispõe à celebração do mistério pascal, no qual são inseridos pelo sacramento da iniciação"(cf Rito de iniciação cristã de adultos, 21 - RICA).

3. JESUS CAMINHO! ABRE MEU CORAÇÃO PARA ACOLHER A TUA VONTADE

- Orientar a reflexão e solicitar para que anotem suas respostas.
  - O que diz esta palavra de Deus para nós? Que apelos ela nos faz?
  - Qual a conversão que pede a nós, à comunidade, à sociedade de hoje?
  - O que entendemos por conversão, esmola, jejum e oração?
  - Orientar para fazerem um cartaz, colocando quais as situações e realidades de nossa vida e de nossas comunidades que precisam de conversão, isto é, de mudança.

Canto: *Eis o tempo de conversão.*

4. JESUS VIDA! FORTALECE A MINHA VONTADE PARA VIVER A TUA PALAVRA

- Indicar para que em silêncio, cada um faça sua oração, procurando responder: O que esta Palavra me faz dizer a Deus?

  (Deixar o grupo partilhar sua oração.)

- Diante da cinza que está no meio do grupo, o catequista motiva a oração e convida o grupo a estender as mãos com as palmas viradas para cima para receber as cinzas.

Oração: *Ó Deus, criador do universo e defensor da vida, escuta as súplicas deste grupo aqui reunido, iniciando a caminhada em preparação à Páscoa. Abençoa, ó Pai, e reconduz ao caminho de Jesus, teu filho, todos nós que vamos receber as cinzas. Faze que renovados no teu amor, possamos caminhar neste tempo, conduzidos por tua Palavra de vida e de verdade. Por Cristo, Nosso Senhor. Amém.*

(O catequista coloca um pouco de cinzas na cabeça de cada catequizando dizendo: Converta-te e crê no Evangelho.)

- Convidá-los a rezar o Salmo 50.

5. COMPROMISSO

- Vamos escolher um compromisso que queremos fazer em grupo para viver mais fortemente este tempo de quaresma em preparação à Páscoa.
    - Qual o gesto concreto de conversão que vamos assumir?

6. COMPREENDENDO A MISSA

Cinzas: O rito que celebramos na liturgia, da quarta-feira de cinzas, ou a imposição das cinzas sobre as nossas cabeças, é uma forma de entrar neste tempo santo do perdão e do encontro com Deus. Com a imposição das cinzas, inicia-se um tempo forte onde o cristão é chamado a se preparar dignamente para viver o Mistério Pascal: a paixão, morte e ressurreição de Cristo. Este gesto era feito no início da Igreja como um rito penitencial. É um sinal de arrependimento e humildade. Aceitando que nos imponham as cinzas, expressamos duas realidades fundamentais:

- Lembra a nossa pobreza. Faz-nos tomar consciência de nossa fragilidade e lembra-nos que somos pó e ao pó voltaremos.
- Somos chamados a nos convertermos ao Evangelho de Jesus e sua proposta do Reino, mudando nossa maneira de ver, pensar e agir.

AVALIAÇÃO DO CATEQUISTA

Durante a semana, avaliar o encontro. Anotar os pontos fortes. Como se sentiu? Os objetivos foram alcançados? Quais foram as dificuldades encontradas?

Campanha da Fraternidade

11º Encontro

— Preparando o encontro —

A Campanha da Fraternidade é uma iniciativa da Igreja do Brasil. Sempre acontece durante o tempo da quaresma. Aborda um assunto da sociedade humana que requer uma atenção especial do cristão. As pessoas são convidadas a refletir e perceber o que não está de acordo com o projeto de vida, o projeto de Deus. A Campanha da Fraternidade, iluminada pela Palavra de Deus, convida-nos a atitudes novas em vista das novas relações entre as pessoas e a sociedade. É um apelo forte à conversão pessoal, comunitária, social e ecológica.

Objetivo: Envolver o grupo na compreensão do sentido da Campanha da Fraternidade, assumindo gestos concretos que ajudem a intensificar a vivência quaresmal.

Preparação do ambiente: A Bíblia, a vela, o cartaz da CF do ano e algum símbolo que expresse o tema da Campanha da Fraternidade que está sendo vivido.

1. MOMENTO DE ACOLHIDA E ORAÇÃO

- Iniciar com o sinal da cruz.

Canto: *Hino da Campanha da Fraternidade.*

- Iniciando a conversa:
    - Como estamos vivendo o nosso compromisso do encontro passado?
    - Alguém já ouviu alguma coisa sobre a Campanha da Fraternidade deste ano?
    - Qual é o tema e o lema?

2. JESUS VERDADE! AJUDA-ME A CONHECER A TUA PALAVRA

- Leitura do texto bíblico: Jo 3,14-21.
- Proclamar mais uma vez, tentando incluir-se na cena e identificar-se com algum dos personagens.
- Para compreender melhor: Vamos reconstruir o texto:
  - Quem são os personagens? Em que lugar eles estão? O que acontece?

Para reflexão do catequista

Este texto bíblico é uma catequese que mostra à comunidade que Jesus crucificado salva (V.14). A cruz salva porque ela é síntese de Jesus que doou a vida para o bem das pessoas, cumprindo a vontade de Deus. Aprendemos com Jesus a dar o melhor de nós mesmos para o bem dos outros. Foi o que Deus fez enviando Jesus ao mundo. Foi também o que Jesus fez quando ensinava às pessoas a fazerem o bem, a serem justas, fraternas, honestas, mesmo com a cruz no caminho. Jesus é como um espelho, porque diante dele as pessoas podem se enxergar, percebem se são também pessoas que dão de si para o bem dos outros, ou se são indiferentes. Quem é bom e justo não precisa ter medo de se espelhar em Jesus. Ao contrário, quem é prepotente e insensível com os outros, tem medo de se espelhar em Cristo. Este tempo da quaresma e da Campanha da Fraternidade é para fazer este confronto, doando-se, como Ele, para a família, o grupo de famílias, os pobres, etc. Assim como Nicodemos, estamos diante de uma oportunidade única de fazer o caminho de um novo nascimento.

Documentos da Igreja para reflexão do catequista

A CF nos ajuda a viver a caridade que nos pede a quaresma a partir de uma situação concreta de sofrimento. A propósito, São João Crisóstomo nos diz: "Quereis honrar o Corpo de Cristo? Está bem, não o desprezeis, quando o vedes coberto de cansaço. Depois de o terdes honrado nas igrejas coberto de seda, não o deixeis sofrer do lado de fora pelo frio e pela sua nudez. Aquele que disse 'este é meu corpo' é o mesmo que disse 'me vistes com fome...'." (cf Evangelii Sancti Mathaei, hom. 50,2.4). Assim, também, nesse tempo, rezemos conforme indicação do *Prefácio* da Quaresma III - Missal Romano: "Vós acolheis nossa penitência como oferenda à vossa glória. O jejum que praticamos, quebrando o nosso orgulho, nos convida a imitar vossa misericórdia, repartindo o pão com os necessitados". São indicações para que a vivência seja plena neste tempo favorável à conversão.

3. JESUS CAMINHO! ABRE MEU CORAÇÃO PARA ACOLHER A TUA VONTADE

- Conversar sobre as perguntas e depois orientar a registrar as principais informações que as respondam:
    - Que situação de morte a Campanha da Fraternidade quer denunciar neste ano?
    - O que eu penso dessa situação?
    - Como a Palavra de Deus vem iluminar para o bem estas realidades?

4. JESUS VIDA! FORTALECE A MINHA VONTADE PARA VIVER A TUA PALAVRA

- Orientar:
    - Cada catequizando toque na cruz que está ambientando o encontro e faça um pedido expressando: De qual mal gostaria que Deus nos libertasse?
- Após cada pedido, todos dizem o lema da Campanha da Fraternidade (CF).
- Rezar a oração da Campanha da Fraternidade (CF).

5. COMPROMISSO

- Organizar o grupo e convidar os pais para participar dos grupos de família em preparação à Páscoa.

6. COMPREENDENDO A MISSA

Após a oblação vem as intercessões. Elas expressam que a Eucaristia é celebrada em comunhão e para a Igreja que peregrina rumo aos céus. Reza-se pelo papa, bispos, presbíteros, diáconos e todo o povo conquistado pelo Senhor, pelos fiéis vivos e defuntos, a Virgem Maria e todos os santos, chamados a viver a vida de bem-aventurados pelo sangue do Cordeiro derramado na cruz. Demonstra que a Eucaristia não é uma celebração descolada da vida e isolada, mas sinal de comunhão entre céu e terra com toda a sua realidade histórica que caminha rumo à nova Jerusalém.

AVALIAÇÃO DO CATEQUISTA

Durante a semana, avaliar o encontro. Anotar os pontos fortes. Como se sentiu? Os objetivos foram alcançados? Quais foram as dificuldades encontradas?

Reconciliação na vida cristã

12º Encontro

Preparando o encontro

O tempo de quaresma é tempo propício para o caminho da reconciliação. Reconciliação é volta. Somos imperfeitos e limitados. Por isso, precisamos sempre nos colocar no caminho do crescimento. Ao nos apaixonarmos por Jesus e seu ensinamento experimentamos uma paz de espírito que não encontramos em lugar algum. É o amor misericordioso de Deus que nos faz progredir na formação de nossa personalidade à luz de Cristo.

Objetivo: Ajudar o grupo a refletir e a experimentar o amor misericordioso de Jesus e como correspondemos à vontade de Deus.

Preparação do ambiente: Bíblia, vela, um pote com água.

1. MOMENTO DE ACOLHIDA E ORAÇÃO

- Acolher cada catequizando expressando a alegria por mais este encontro.
- Iniciar com o sinal da cruz cantado.
- Mantra: *Onde Reina o amor, fraterno amor.*
- Para conversar:
  - Motivar a apresentar fatos, acontecimentos, pessoas que sofrem com ofensas, injustiças e desprezo, egoísmos e julgamentos relacionados ao tema da Campanha da Fraternidade.

Canto: *O povo de Deus no deserto andava.*

- Iniciando a conversa:
  - Comentar: Nosso encontro, hoje, será sobre o tema da reconciliação na vida cristã. É um tema propício dentro do caminho quaresmal e

do nosso caminho de Iniciação à Vida cristã. O amor de Deus é o fundamento da alegria cristã. A dor, os sofrimentos e as dificuldades da vida não podem apagar esse amor.

Com frequência, nos perguntamos pelo significado da reconciliação cristã dentro da realidade social da família, da convivência e onde a vida e a dignidade das pessoas são ameaçadas. Este encontro vai nos ajudar a entender mais e melhor a riqueza de vivermos reconciliados.

2. JESUS VERDADE! AJUDA-ME A CONHECER A TUA PALAVRA

- Leitura do texto bíblico: Jo 9,1-41.
- Proclamar novamente o texto, de forma espontânea, por versículos.
- Incentivar a reflexão e partilha, propondo:
  - Destacar os personagens do texto e a ação que cada um realiza.
  - Cada um procurar se colocar na cena e se identificar com um dos personagens.

Para reflexão do catequista

Neste texto, a cura do cego de nascença, o evangelista João revela que Jesus é o enviado do Pai e que pelo batismo somos iluminados com a luz de Cristo.

O cego representa todos os pecadores, necessitados da luz de Cristo que nos liberta.

O povo que está ali olhando mostra as pessoas curiosas sem saber o que de sério está acontecendo ou precisa acontecer na sociedade.

Os pais do cego representam aquelas pessoas assustadas com as soluções que aparecem quando alguém decide espantar o mal e com as autoridades, pois estas são prepotentes tanto com Jesus como com o cego.

As autoridades dos fariseus representam as pessoas importantes ou que são teimosos e não aceitam que apareçam outros que fazem melhor. Acham que tudo está sempre certo e não precisam mudar nada.

Jesus é quem mexe com todas as pessoas para que se deem conta que são como vivem. É importante perceber as diferenças: o cego curado vai descobrindo que Jesus é o Salvador. Os fariseus, que são autoridades teimosas e incompetentes, não aceitam que outras pessoas enxerguem e iluminem o mundo, a partir da mensagem de Jesus Cristo.

Como este texto nos ajuda para a reconciliação e o perdão no cotidiano da nossa vida?

Todos os que vivem conforme a vontade de Deus e se aproximam de Jesus, vivem segundo a sua vontade. Os que não vivem a vontade de Deus vivem longe da luz, vivem na "cegueira" Quem vive na luz defende a vida, enxerga as formas de opressão que existem e luta para transformá-las (reconciliação). A cegueira leva à morte e à indiferença.

Quando somos cegos? Quando não valorizamos a vida e não tomamos consciência dos sinais de morte que existem na sociedade.

Jesus quer que a comunidade seja reprodutora de vida e lute contra toda forma de opressão. O amor misericordioso de Jesus quer uma comunidade que ande na luz, consciente, que valorize a vida.

Como vemos os jovens hoje? Estão na "cegueira" ou na "luz"?

Documentos da Igreja para a reflexão do catequista

O Catecismo da Igreja Católica enfatiza que a nova vida cristã não tem a força de suprimir a fragilidade e a fraqueza humana, muito menos a inclinação do pecado. Os batizados continuam sendo provados, mas ao mesmo tempo auxiliados pela graça que através da conversão permite chegar à santidade. O apelo à conversão se renova na medida em que a busca se fortalece pela vivência dos sacramentos e assim se renova a aliança. O Senhor continua chamando e confirmando seu povo na graça (cf. Catecismo da Igreja Católica, 1426). O Catecismo também aponta os caminhos para a conversão: "A conversão se realiza na vida cotidiana através de gestos de reconciliação, do cuidado dos pobres, do exercício e da defesa da justiça e do direito, pela confissão das faltas aos irmãos, pela correção fraterna, pela revisão de vida, pelo exame de consciência, pela direção espiritual, pela aceitação dos sofrimentos, pela firmeza na perseguição por causa da justiça. As práticas fazem com que os cristãos tomem consciência de sua fragilidade e ao mesmo tempo de sua capacidade de retomar o caminho. O Catecismo tem a obrigação de alertar e conduzir os fiéis a fim de "tomar sua cruz, cada dia, e seguir a Jesus é o caminho mais seguro da penitência"(cf CIC n. 1435).

3. JESUS CAMINHO! ABRE MEU CORAÇÃO PARA ACOLHER A TUA VONTADE

- Solicitar para que conversem e registrem no caderno as conclusões sobre as questões:
    - O que Deus nos diz nesta Palavra, para cada um de nós, hoje?
    - O que significa vivermos reconciliados?
    - Quais são nossas cegueiras? O que elas influenciam na vida cotidiana?
    - Reconciliação é diferente de confissão? Por quê? Onde está a diferença?
      (Solicitar que citem exemplos e recordar que uma está ligada à outra.)

4. JESUS VIDA! FORTALECE A MINHA VONTADE PARA VIVER A TUA PALAVRA

- Em silêncio, diante da cruz e da água, cada um reze a Deus. O que esta palavra me faz dizer a Deus? (Deixar um tempo de silêncio.)
- Convidar o grupo a se aproximar da água, estender a mão direita em direção a ela e comentar: A água, elemento indispensável para que haja vida, é também sinal de purificação.

Oração: *Senhor Deus, abençoa esta água e olha para teus filhos e filhas. Vem curar o nosso coração e lavar as nossas "cegueiras". Fortalece a nossa vida de fé para sermos reconciliados. Amém.*

- Relembrar o que Jesus disse ao cego: "Vá se lavar na piscina de Siloé. O cego foi, lavou-se, e voltou enxergando" (Lc 9,7). Depois, questionar: O que impede de vivermos melhor e conforme a vontade de Jesus?
  (Deixar falar.)
- Esclarecer que nós também vamos nos lavar, pois queremos enxergar mais e melhor. Para isso, simbolicamente, convidar para que cada um toque na água que está à sua frente e lave os olhos pedindo ao Senhor que o cure das cegueiras que o impedem de viver segundo os ensinamentos de seu Filho Jesus.

Canto: escolher uma música adequada para o momento.
- Rezar juntos a oração do Pai-Nosso, de mãos dadas.
- Cada um, dê para o outro o abraço da reconciliação.

5. COMPROMISSO

O tempo quaresmal é próprio para a reconciliação, o perdão e a busca do Sacramento da misericórdia do Pai.

- Nesta semana vamos assumir o compromisso de nos prepararmos para o Sacramento da Confissão como preparação à Páscoa e também como preparação para o Sacramento da Crisma.
- Convidar os pais para participar da celebração da reconciliação conforme o horário e dia já previstos na comunidade.

Lembrete:

Catequista explicar o sentido de participar da celebração da reconciliação e da confissão na comunidade. (Ver anexo 1, celebração 1, da reconciliação.)

6. COMPREENDENDO A MISSA

Água - Sentido na vida cotidiana: A água, como a terra, o ar e o fogo, é um dos quatro elementos simbólicos universais de todas as culturas. Lembra as origens da vida: esta nasceu e se desenvolveu, em primeiro lugar, na água. É um símbolo rico e se reveste de múltiplos sentidos. A ela podem-se atribuir 4 dimensões: Ela é fecunda, fonte de vida, medicina e batismal. A água age no ser profundo em relação das pessoas. Age sobre aqueles que bebem, se lavam, mergulham ou nela são mergulhados no batismo. Para os cristãos, é sinal de purificação e de vida nova no batismo. Na liturgia, é usada no rito penitencial para aspersão, como sinal que lava, purifica. É memória do batismo que nos torna novas criaturas e nos faz mergulhar na vida em Deus.

AVALIAÇÃO DO CATEQUISTA

Durante a semana, avaliar o encontro. Anotar os pontos fortes. Como se sentiu? Os objetivos foram alcançados? Quais foram as dificuldades encontradas?

13º Encontro

O plano de Deus na história da salvação

— Preparando o encontro —

Todo plano de salvação de Deus, que nos é dado a conhecer através da Bíblia, no Primeiro e Segundo Testamentos, tem seu ponto alto e toda sua compreensão na Páscoa de Jesus Cristo, quando celebramos sua morte e ressurreição. Conhecer, meditar e vivenciar este mistério é dom e graça de Deus dada a cada um de nós.

Objetivo: Oportunizar aos catequizandos maior compreensão do mistério pascal de Cristo no qual se realiza a salvação e o plano de Deus para a humanidade.

Preparação do ambiente: A cruz, Bíblia, a vela e o grupo em círculo.

1. MOMENTO DE ACOLHIDA E ORAÇÃO

- Acolher com alegria cada catequizando e dizer da importância de estarem todos novamente reunidos. Ter certeza de que estamos reunidos em nome da Trindade Santa.

- Convidar o grupo a se aproximar da cruz, tocar nela e traçar sobre si o sinal da cruz.

- Cantar ou declamar os versos do hino de abertura do ofício das comunidades.

  (Escolher os versos adequados ao tema do encontro.)

- Iniciando a conversa:
  - Estamos vivendo o tempo da quaresma e a Páscoa já se aproxima. Em nosso encontro de hoje, vamos refletir sobre o plano que Deus tem para a humanidade, o plano de salvação. Em nossa vida temos planos, projetos e sonhos para alcançar. Durante este encontro,

vamos confrontando se os nossos planos e projetos estão em sintonia com o plano que Deus tem na história da humanidade, o plano de salvação.

- Motivar a conversar sobre:
  - Como estamos vivendo nossos compromissos dos encontros de catequese?
  - Estamos participando dos encontros de preparação à Páscoa nos grupos de família?

    (Partilhar como cada um está fazendo este caminho.)

2. JESUS VERDADE! AJUDA-ME A CONHECER A TUA PALAVRA

- Leitura do texto bíblico: Fl 2, 5-11.
- Proclamar novamente o texto. Cada catequizando lê um versículo.
- Ficar um tempo em silêncio para que cada um retome o texto e sublinhe a frase ou a expressão que mais chamou a atenção.
- Partilhar com o grupo o que o texto diz.

Para a reflexão do catequista

Este texto bíblico é uma síntese do plano de Deus e da vida de Jesus. Paulo, que escreveu esta carta, era uma pessoa de fé, e descobriu, com alegria, como Cristo era e vivia. Hoje a pessoa é importante quando é rica, é estrela e vence. Os que viveram com Jesus e conheciam a Bíblia, entenderam que uma pessoa é importante quando serve e faz o bem para todos. É o que este texto bíblico fala de Jesus. Ele não tinha orgulho por ser Filho de Deus. Ele fez o bem a todos, sem precisar de elogios, reconhecimento e sem ter cargos importantes. É por isso que o texto bíblico nos diz que "Ele se esvaziou de si", "se humilhou fazendo-se servo". Ele foi rei e Salvador, porque era servidor e solidário.

Em toda a Bíblia, na história da salvação, podemos perceber que os personagens importantes (Moisés, Profetas, Jesus, Pedro...) são considerados grandes porque procuraram o bem do seu povo.

A morte e ressurreição de Jesus é exemplo, pois deu sua vida para o bem, sem desistir diante do mal e do sofrimento.

Jesus, ao se fazer um de nós, não renunciou sua condição divina, mas mostra-nos o grande amor de Deus para conosco.

E o que podemos fazer para ajudar mais nosso próximo, a exemplo de Jesus, que deu sua vida por todos nós?

Documentos da Igreja para a reflexão do catequista

O plano de Deus na salvação declara que a "obra da Redenção humana e da perfeita glorificação de Deus, da qual foram prelúdio as maravilhas divinas operadas no povo do Primeiro Testamento, completou-a Cristo Senhor, principalmente pelo mistério pascal de sua sagrada Paixão, Ressurreição dos mortos e gloriosa Ascensão". A Igreja tem a função de recordar a todos o s batiza dos que pelo "mistério, Cristo, 'morrendo, destruiu a nossa morte e ressuscitado, recuperou a nossa vida'" (cf Sacrosanctum Concilium, 5). Também o Catecismo, assim nos ensina que "O mistério pascal da Cruz e Ressurreição de Cristo está no centro da Boa-Nova que os apóstolos, e a Igreja na esteira deles, devem anunciar ao mundo". Consequentemente o projeto de salvação de Deus na história se realiza para sempre conforme relata o texto de Hb 9,26 e assegura que pela paixão, morte e ressurreição, Jesus Cristo é a vida nova para a humanidade (Cf. Catecismo da Igreja Católica, 571).

3. JESUS CAMINHO! ABRE MEU CORAÇÃO PARA ACOLHER A TUA VONTADE

- "Deus amou o mundo de tal maneira que deu seu Filho unigênito para que todo aquele que n'Ele crê não pereça mas tenha a Vida Eterna" (Jo 3,16).
- Ler com o grupo a citação bíblica e comentar: Esta é a vontade de Deus: seu plano de amor para que todos tenham a vida.

- Conversar com o grupo sobre:
  - O que esta Palavra de Deus, da carta de são Paulo aos Filipenses, nos diz? Que ensinamentos nos traz? Que atitudes novas nos convida a viver?
  - Dentro deste caminho que estamos fazendo em preparação à Páscoa, como esta Palavra pode nos ajudar?
  - Quando em nossa vida podemos dizer que estamos realizando o plano de Deus em relação às pessoas, à natureza e no mundo?
- Orientar a fazer um cartaz com as palavras que expressam o plano de Deus para nós.

4. JESUS VIDA! FORTALECE A MINHA VONTADE PARA VIVER A TUA PALAVRA

- Em silêncio, diante da cruz, da Palavra de Deus, o que vamos dizer a Deus? Qual é a nossa oração no dia de hoje?
- Orientar para que os catequizandos formem grupos e com base no texto bíblico escrevam uma oração, em forma de jogral, para ser rezada para os demais colegas. (Escrever no caderno.)
- Comentar: Jesus veio realizar o plano do Pai. Ele o viveu plenamente, entregando sua vida para a nossa salvação.
- Convidar para que um catequizando erga a cruz e todos estendem a mão, cantando: *Jesus Cristo é o Senhor*.

5. COMPROMISSO

- Comentar: A Palavra de Deus, hoje, nos convidou a sermos fiéis e obedientes como Jesus foi ao plano do Pai. Nestes próximos dias, iremos viver e celebrar mais intensamente a plenitude da vida vivida por Cristo.
- Participar das celebrações na comunidade na Semana Santa, procurado viver com intensidade o Mistério da Páscoa de Cristo, desde a Quinta-feira Santa até o Domingo da Ressurreição.
- Que outras atitudes podemos assumir como grupo para vivermos, no nosso dia a dia, conforme o plano do Pai em relação à natureza, às pessoas e na vida cristã?

6. COMPREENDENDO A MISSA

O último elemento da Oração Eucarística é a doxologia, isto é, a conclusão. O sacerdote reza: "Por Cristo, com Cristo e em Cristo, a vós, Deus Pai todo-poderoso, na unidade do Espírito Santo, toda a honra e toda a glória, agora e para sempre", e a assembleia responde: "Amém". Nesse momento acontece o ofertório. A Igreja oferece ao Pai, por Cristo, na unidade do Espírito, o sacrifício de nossa salvação. O "Amém" da assembleia evoca a vitória triunfal do Cordeiro e expressa seu consentimento de que Cristo venceu o pecado e a morte e deu-nos a vida nova a caminho da salvação.

AVALIAÇÃO DO CATEQUISTA

Durante a semana, avaliar o encontro. Anotar os pontos fortes. Como se sentiu? Os objetivos foram alcançados? Quais foram as dificuldades encontradas?

Tríduo pascal

14º Encontro

Preparando o encontro

A Páscoa é o mistério central de nossa fé. Nas celebrações deste mistério fazemos a experiência dos discípulos: conhecer com mais profundidade o significado da morte e ressurreição de Jesus Cristo e tomar uma decisão de vida, escolhendo o caminho do seguimento do mestre. O tríduo pascal é a grande celebração dos cristãos, o núcleo central do ano litúrgico e centro da espiritualidade cristã.

Objetivo: Preparar o grupo para celebrar com intensidade a Páscoa do Senhor, mistério central da fé cristã.

Preparação do ambiente: Uma grande vela, a cruz, um pão, jarro com água, bacia com toalha.

1. MOMENTO DE ACOLHIDA E ORAÇÃO

- Comentar: Queridos (as) catequizandos (as), estamos mais uma vez juntos para o nosso encontro semanal. É sempre um momento de alegria, de festa, de convivência e de oração. Acolho vocês com grande alegria, pois neste encontro de hoje, vamos vivenciar o mistério da Páscoa que se aproxima. Será um momento forte de preparação e compreensão daquilo que iremos viver e celebrar nesta Semana Santa, no tríduo pascal.
- Motivar o sinal da cruz e a rezar com o mantra: *Prova de amor maior não há, que doar a vida pelo irmão.* (Repetir várias vezes.)
- Convidar: Fiquemos em silêncio, contemplemos os símbolos que estão à nossa frente, nos perguntando:
   - O que eles nos falam?

- O que nos lembram? (Deixar tempo de silêncio.)
- Repetir o mantra: *Prova de amor maior não há, que doar a vida pelo irmão.*
- Explicar: Hoje queremos refletir, rezar e nos preparar para a Semana Santa. É a semana na qual vamos celebrar o mistério da nossa fé. Fazemos memória do mistério do amor de Deus que se manifestou na entrega confiante de Jesus até a morte na cruz, para ser fiel à sua missão de salvação e libertação.

2. JESUS VERDADE! AJUDA-ME A CONHECER A TUA PALAVRA

Canto: *Fala Senhor, fala Senhor, palavras de fraternidade.*

- Leitura do texto bíblico: Mc 14,22–16,8.
- Proclamar mais uma vez e perceber os momentos fortes que celebramos no tríduo pascal.
- Convidar a refletir e partilhar:
    - O que diz o texto?
    - Quais são os personagens que aparecem? Destacar as ações de cada personagem.

Para reflexão do catequista

Os cristãos organizaram a celebração da morte e ressurreição de Jesus nos dias da Semana Santa. Em cada dia, de quinta, sexta e sábado santo, com o Domingo da ressurreição, celebra-se um aspecto importante da vida de Cristo. Jesus veio ao mundo para fazer o bem a todos e até o fim de sua vida se manteve fiel a isso, mesmo que perseguido e traído. A fidelidade ao plano de amor do Pai ressuscitou Jesus.

Os Evangelhos contam que Jesus, na Quinta-feira Santa, reuniu os seguidores e com eles celebrou a Eucaristia. O Evangelho de João, ao invés da instituição da Eucaristia, relata que Jesus lavou os pés dos discípulos. Não importa muito essa diferença porque através dos dois gestos, a Igreja procura guardar e ensinar que a vida de Jesus foi sempre dom, a serviço de todos. O serviço era o que ocupava a vida de Jesus Cristo. Ele fez de sua vida um serviço. Quem comunga é chamado a ser o mesmo. É o que celebramos no "lava-pés", na Quinta-Feira Santa.

Na Sexta-feira Santa lembra-se a paixão de Cristo. Ensinam que o sofrimento que passou, até o fim da vida, não era por ser pecador, mas porque encontrou resistência naqueles que, ao invés de fazer o bem aos outros como Ele fazia, exploravam e desrespeitavam. Diante disso, até os apóstolos falharam. Eles não entendiam o que é "dar a vida"! Achavam que ser discípulos era ter prestígio. Jesus é morto pela maldade, mas Ele se manteve interiormente livre e amou-nos até o fim. Não entrou na lógica da violência e do mal, mas na lógica do amor, da gratuidade e do perdão.

No terceiro dia, Deus Pai ressuscita o filho Jesus. A vida e o amor venceram a morte, a violência e o mal. As pessoas justas e honestas sempre serão lembradas como bons exemplos de vida. Quem ajuda e é fiel será sempre lembrado como exemplo bom que inspira.

A ressurreição é vencer os "sinais de morte" pelos sinais de vida, isto é, o Reino de Deus que vai se realizando na história da humanidade.

Documentos da Igreja para a reflexão do catequista

O Catecismo da Igreja Católica, ao tratar do tema do tríduo pascal dá ênfase às palavras do evangelista João quando afirma: "amou-os até o fim, pois ninguém tem amor maior do que aquele que dá a vida por seus amigos" (Jo 13, 1 e Jo 15,13). O sofrimento e a morte do Senhor deixam para a humanidade um exemplo de liberdade e perfeição do seu amor divino. Ao aceitar livremente a sua paixão, morte e ressurreição coloca a humanidade em suas mãos não para retê-la, mas para fazê-la partícipe de sua divindade e humanidade. 'Ninguém me tira a vida, mas eu a dou livremente'(Jo 10,18). Daí a liberdade soberana do Filho de Deus quando Ele mesmo vai ao encontro da morte" (cf. Catecismo da Igreja Católica, 609). A morte de Jesus é, para João Paulo II, "o aspecto mais paradoxal do seu mistério", "mistério no mistério, diante do qual o ser humano pode apenas prostrar-se em adoração". [...] "Enquanto se identifica com o nosso pecado, 'abandonado' pelo Pai, Ele 'abandona-se' nas mãos do Pai. Os seus olhos permanecem fixos no Pai" (Novo Millennio Ineunte, 25.26). "Deste modo, Cristo proclama que a vida atinge seu centro e plenitude quando é doada"(Evangelium Vitae, 51).

3. JESUS CAMINHO! ABRE MEU CORAÇÃO PARA ACOLHER A TUA VONTADE

- Ouvimos o Evangelho da paixão e acompanhamos o caminho de Jesus:
    - Que sentimentos esta Palavra provoca em nós?
    - O que a Semana Santa tem a ver com a nossa vida?

        (Citar fatos da vida e da realidade que se identificam com os gestos de Jesus: da Quinta-feira Santa, da Sexta-feira Santa e do Sábado Santo.)

    - Quando em nossa vida vivemos as atitudes que Jesus nos ensina neste Evangelho?
    - Como eu e a família costumamos viver e celebrar a Semana Santa, o mistério da Páscoa de Jesus?
- Para conhecer melhor:
    - O tríduo pascal é o espaço de três dias celebrados na Igreja Católica composto pela Quinta-feira e Sexta-feira Santas e a Vigília Pascal. Celebra-se a memória da paixão, morte e ressurreição de Jesus, conforme os Evangelhos. O tríduo pascal é o centro de toda a vida cristã, é a centralidade do ano litúrgico e assim culmina o tempo quaresmal.
    - Conforme indicação da carta apostólica Místério Pascal, "O Tríduo Pascal da Paixão e Ressurreição do Senhor tem o seu início na celebração da Ceia do Senhor na Quinta-feira Santa, centraliza na Vigília Pascal e conclui com as vésperas do domingo da Ressurreição."
    - Na Quinta-feira Santa comemora-se a última ceia da Páscoa hebraica que Jesus fez com os doze apóstolos antes de ser preso e

levado à morte na cruz. Durante esta ceia, Jesus instituiu a Eucaristia e o sacerdócio cristão precedido pelo grande gesto do lava-pés na revelação da humildade, a atitude de Jesus que veio para servir e não ser servido.

- Na Sexta-feira Santa recorda-se a paixão e morte de Jesus através da celebração da Palavra de Deus. A noite do Sábado Santo é a "mãe de todas as vigílias", a celebração central de nossa fé, nela a Igreja espera, velando, a ressurreição de Cristo, e a celebra nos Sacramentos.

- A liturgia da noite pascal é rica na simbologia através da celebração da luz, liturgia da Palavra, liturgia batismal e liturgia eucarística. A celebração eucarística é o ápice da noite Pascal. É a Eucaristia central de todo o ano, mais importante que a do Natal ou da Quinta-feira Santa. Cristo, o Senhor ressuscitado, nos faz participar do seu Corpo e do seu Sangue, como memorial da sua Páscoa. É o ponto mais importante da celebração.

- Os três momentos que se entrelaçam na vivência e celebram uma mesma e única realidade, a memória da ceia, da paixão, morte e ressurreição de Jesus. A vitória de Jesus é a própria vitória sobre as forças da morte presentes no mundo.

4. JESUS VIDA! FORTALECE A MINHA VONTADE PARA VIVER A TUA PALAVRA

- Solicitar: Façamos silêncio em nosso coração e rezemos.
    - O que esta Palavra nos faz dizer a Deus?
    - Diante do grande amor de Jesus para cada um de nós, o que vamos dizer a Ele? (Depois de um tempo, partilhar a oração no grupo.)
    - Convidar o grupo a olhar os símbolos que estão no meio do grupo. Eles expressam cada uma das celebrações que fazem parte do tríduo pascal. Cada um, cada uma é convidado a fazer algum gesto com estes símbolos, como: beijar a cruz, ou passá-la de mão em mão; lavar os pés de algum colega; partir o pão e distribui-lo. (Pode ser feito em silêncio.)

Canto: *Eu vos dou um novo mandamento.*

5. COMPROMISSO

- Comentar: Jesus nos ensina a doarmos a vida para o bem dos outros e sermos capazes de servir.
- Qual é o compromisso que vamos assumir nesta semana para viver a Palavra e os ensinamentos de Jesus?
- Além disso, participar das celebrações do tríduo pascal e convidar a família, amigos e colegas a fazer o mesmo.

6. COMPREENDENDO A MISSA

Após a oração eucarística, dá-se início ao rito de comunhão. Este compreende cinco elementos: a oração do Pai-Nosso, o abraço da paz, a fração do pão e o canto do cordeiro, a comunhão e a oração depois da comunhão. O Pai-Nosso é a oração de toda a assembleia. O presidente, de braços abertos, convida a todos para rezarem juntos a oração que Jesus nos ensinou."… como Verbo Encarnado, Ele conhece em seu coração de homem as necessidades de seus irmãos e irmãs humanos e no-las revela; é o modelo de nossa oração"(CAIC 2765). O presidente e a assembleia se entregam nos braços de Deus e pedem pelo pão de cada dia, que lembra antes de tudo o pão eucarístico e a purificação dos pecados. Representa a unidade dos cristãos que anseiam pela vinda do Reino. Na oração que segue, o presidente pede a Deus que livre as pessoas de todo o mal: "Livrai-nos de todos os males, ó Pai…". E a assembleia responde: "Vosso é o reino, o poder e a glória."Esse é o "Amém" do Pai-Nosso, por isso não se deve dizer "Amém" depois de "livrai-nos do mal".

AVALIAÇÃO DO CATEQUISTA

Durante a semana, avaliar o encontro. Anotar os pontos fortes. Como se sentiu? Os objetivos foram alcançados? Quais foram as dificuldades encontradas?

A vida nova em Jesus ressuscitado

15º Encontro

― Preparando o encontro ―

Tudo na vida é frágil e passageiro. Diz São Paulo: "o que permanece é a caridade" (cf.1Cor 13,13). A vivência da fé em Jesus ressuscitado nos faz avançar na caminhada da vida, com novo ânimo e muita confiança. Estamos certos de que o Senhor Jesus nos abre o caminho da felicidade.

Objetivo: Viver a alegria da fé e o sentido da ressurreição como uma nova força de vida e como ação de salvação libertadora de Deus.

Preparação do ambiente: O círio pascal ou uma vela grande no centro da sala, com uma toalha ou pano branco, a Bíblia, uma rede, pãezinhos e o grupo organizado em círculo.

1. MOMENTO DE ACOLHIDA E ORAÇÃO

- Comentar:
  - Acolho e saúdo cada um de vocês, com a saudação de Jesus ressuscitado. "A Paz esteja com vocês"! Vamos nos acolher uns aos outros com o abraço da paz.
- A característica marcante do tempo pascal é a alegria. A música, o canto, os símbolos, os gestos, ajudam a expressar os sentimentos de júbilo e louvor. (Convidar alguém do grupo para acender a vela.)
- O ponto culminante desta manifestação pascal é o canto do ALELUIA. Por isso, vamos cantá-lo:

Canto: *Aleluia, povo meu, aleluia!*

- Iniciando a conversa:
    - Fazer um tempo de partilha e troca de experiências de como vivemos a Semana Santa, o tríduo pascal:
    - O que chamou nossa atenção?
    - Que sentimentos tivemos?
    - Conseguimos participar de todas as celebrações? (Deixar o grupo falar.)

Em nosso encontro, vamos conversar sobre a vida nova de ressuscitados. Viver a vida nova em Jesus ressuscitado. Para nos ajudar a aprofundar esta realidade, partiremos do texto bíblico que nos diz: ao trabalhar e viver com a presença do ressuscitado, produziremos frutos de vida, de comunhão e de solidariedade.

2. JESUS VERDADE! AJUDA-ME A CONHECER A TUA PALAVRA

- Canto de aclamação: adequado ao tema bíblico.
- Leitura do texto bíblico: Jo 21,1-14.
- Reler novamente o texto.
- Contar a história conforme está escrita.
- Destacar os personagens do texto:
    - O que Jesus faz e o que os discípulos fazem?
    - O que mais chamou sua atenção?

Para reflexão do catequista

Quando a Bíblia, fala das aparições de Jesus ressuscitado é para animar os discípulos e confirmá-los na sua missão de testemunhas de sua morte e ressurreição. Os discípulos seguiram o mestre que deu sua vida na cruz. Eles também são convidados a fazer o mesmo, "lançar as redes".

Neste trecho da Bíblia está escrito que, enquanto pescaram sem Jesus, isto é, enquanto não viviam como Jesus viveu, a pesca não deu resultado. Quando pescam porque Jesus pede, isto é, quando ouvem a sua Palavra, dá resultado bom. Pescam.

Depois está descrito que Jesus nem come, mas é Ele que reparte o pão e o peixe. Este gesto, tão familiar aos discípulos, fala da Eucaristia e da partilha do pão. Jesus ensina a repartir. Recordam que Jesus ensinou a repartir para que tenha abundância para todos. Quando todos têm o que precisam para viver há abundância e a comunidade anda bem! Jesus deu sua vida para nos dar este ensinamento.

Por isso, crer em Jesus é viver como ele fez e ensinou. Com a presença do ressuscitado, que fala na sua Palavra e nos envia em missão, a comunidade tem uma pesca abundante, isto é, produz frutos.

Documentos da Igreja para a reflexão do catequista

Ao contemplar o rosto de Cristo, João Paulo II afirma: "Mas a sua contemplação do rosto de Cristo não pode deter-se na imagem do Crucificado. Ele é o Ressuscitado! Se assim não fosse, seria vã a nossa pregação e a nossa fé (cf. 1Cor 15,14). A ressurreição foi a resposta do Pai à sua obediência. [...] Agora é para Cristo ressuscitado que a Igreja olha. Fá-lo, seguindo os passos de Pedro que chorou por tê-lo negado e retomou o seu caminho confessando, com compreensível tremor, o seu amor a Cristo: 'Tu sabes que Te amo' (Jo 21, 15-17). A Igreja fá-lo, seguindo Paulo que ficou fascinado por Ele depois de O ter encontrado no caminho de Damasco: 'Para mim, o viver é Cristo e o morrer é lucro' (Fl 1,21). Passados dois mil anos destes acontecimentos, a Igreja revive-os com se tivessem sucedido hoje"(Novo Millennio Ineunte, 28).

3. JESUS CAMINHO! ABRE MEU CORAÇÃO PARA ACOLHER A TUA VONTADE

- Vamos conversar e depois registrar no caderno os pontos importantes para a vida de cada um:
  - O que esta Palavra diz para nós, hoje?
  - Que ensinamento nos traz?
  - Por que os discípulos não reconheceram logo que era Jesus que falava com eles?

- Como podemos reconhecer Jesus em nossa vida?
- Façamos o confronto da atitude dos discípulos e as nossas atitudes no nosso cotidiano.

4. JESUS VIDA! FORTALECE A MINHA VONTADE PARA VIVER A TUA PALAVRA

- Orientar:
    - Olhando para os símbolos que estão à nossa frente, cada um reze no silêncio do seu coração. O que esta Palavra me faz dizer a Deus?
    - Cada um escreva sua oração e depois partilhe com o grupo.
    - Rezemos o Salmo 30. Cada um reza um versículo e todos respondem após cada versículo: *Senhor, meu Deus, eternamente hei de louvar-vos.*
- Comentar: Jesus, quando se encontra com seus discípulos, come e bebe com eles. A missão tem sentido na Eucaristia, na comunhão com Jesus. O Evangelho de hoje diz que Jesus se aproximou, tomou o pão e distribuiu para eles.
- Convidar: Vamos partilhar os pães e sintamo-nos na companhia de Jesus ressuscitado, comendo com Ele.

Canto: Adequado ao tempo pascal.

- Motivar a rezar juntos:

    Oração: *Ó Deus, força da vida, que nos fortaleceis em meio às nossas lidas e lutas com a presença carinhosa e solícita do Cristo ressuscitado, atende nossas preces e dá-nos a graça de obedecer a tua Palavra. Amém.*

5. COMPROMISSO

- Quais atitudes o nosso grupo que se prepara para viver o Sacramento da Crisma, deve cultivar para fazer a experiência da ressurreição?
- Como nosso grupo pode anunciar Jesus ressuscitado na família, aos colegas e aos amigos?
- Pensar juntos uma ação concreta que expresse a vida de ressuscitados.

Lembrete:

Preparar para o próximo encontro material necessário para encenar o texto de Ezequiel 37, 1-14.

6. COMPREENDENDO A MISSA

Depois da oração do Pai-Nosso vem o abraço da paz. É um gesto muito antigo na liturgia. Seus primeiros registros são de metade do século II. O abraço da paz é o coroamento da comunhão entre os cristãos que o Pai-Nosso celebra. A Igreja pede a paz para ela e para toda a família humana. É expressão de compromisso de caridade entre todos os irmãos.

AVALIAÇÃO DO CATEQUISTA

Durante a semana, avaliar o encontro. Anotar os pontos fortes. Como se sentiu? Os objetivos foram alcançados? Quais foram as dificuldades encontradas?

16º Encontro

Creio no Espírito Santo

Preparando o encontro

O Espírito Santo é a força e a luz de Deus. Desde o nosso interior, nos impulsiona para prosseguirmos com coragem e clareza de opções no caminho de nossa vida. Deus, em Jesus Cristo, nos mostra o caminho que devemos seguir. Seu Espírito nos impulsiona para realizarmos obras que ajudem a construir uma humanidade mais digna e feliz.

Objetivo: Aprofundar e compreender o sentido de crer no Espírito Santo e buscar pistas para uma vida melhor na força do Espírito que dá vida a todas as coisas.

Preparação do ambiente: Vela, Bíblia, chama de fogo (tocha).

1. MOMENTO DE ACOLHIDA E ORAÇÃO

- Acolher com carinho os crismandos.
- Motivar para que cada um dê um abraço ao colega, dizendo: *Que bom que você está aqui.*
- Iniciemos nosso encontro, cantando o sinal da cruz. Nosso encontro de hoje tem como tema: Creio no Espírito Santo.

Canto: *adequado ao tema do encontro.*

- Conversar:
  - O Espírito Santo é recebido pela fé. No dia de Pentecostes, a força do Espírito Santo se faz sentir no meio dos discípulos, que de tímidos, tornaram-se fortes e corajosos para anunciar Jesus. O Espírito de Deus faz reviver, dá nova vida ao que aparentemente não tem mais vida.

- Quem é o Espírito Santo? O que já sabemos sobre Ele? Sentimos sua presença e ação em nós? (Deixar falar.)

2. JESUS VERDADE! AJUDA-ME A CONHECER A TUA PALAVRA

- Leitura do texto bíblico: Ez 37,1-14.
- Ler mais uma vez com muita atenção.
- Solicitar para refletir e partilhar:
    - Quem é que fala no texto?
    - A quem é dirigida a Palavra?
    - Destacar a frase ou a parte que mais chamou sua atenção.

Para reflexão do catequista

Este texto faz parte dos oráculos de esperança e consolação no livro do profeta Ezequiel. É como uma parábola antiga. Precisamos descobrir o que quer dizer.

O texto relata que havia um monte de "ossos de pessoas", secos, isto é, mortos! E Deus mandou o profeta falar aos "ossos" e eles voltaram a ter vida.

É claro que parece estranho mas essas imagens mostram o que acontece na vida das pessoas. Os ossos secos representam as pessoas cheias de problemas, dificuldades, deprimidas e sem sentido para viver. Não conhecem o modo de vida com fé! São as pessoas que não creem nem em si, nem nos outros como amigos e nem em Deus como força e luz para a vida. Deus mandou um profeta falar e animar os ossos e eles viveram de novo!

O profeta é sempre a pessoa que ouve a "voz de Deus". Quando estamos perdidos, sem Deus, sem objetivos, é como se fôssemos vivos-mortos.

Somos como ossos secos. Ao vivermos como discípulo de Jesus, sente-se a força da vida e descobre-se que o Espírito Santo nos dá força para enfrentar tudo. É como a ressurreição de Jesus: n'Ele o Espírito de Deus, que é amor, produz vida e alegria.

O desafio de profetizar a vida que vem do Espírito é a nossa missão. Deus sabe que somos humanos e que passaremos por aflições e temores, os quais farão com que muitas vezes hesitemos na fé. Ele continuará a desafiar a Igreja a profetizar no valor da vida, apesar de um ambiente de morte. O Espírito de Deus atua em nós gerando esperança e vida nova. Aqueles "ossos secos" receberam uma nova vida através do sopro do Espírito Santo de Deus. A "morte" seca e retira a vida gerada pelo Espírito de Deus. No entanto, é através do Espírito que somos novamente vivificados e transformados. O Espírito Santo é luz, é fogo, é vida. O Espírito liberta, é movimento para a vida nova.

Documentos da Igreja para a reflexão do catequista

A oração que é prevista após a leitura do profeta Ezequiel, na Vigília de Pentecostes, assim reza: "Ó Deus, criador e Pai, infundi em nós o vosso hálito de vida: o Espírito que pairava sobre os abismos das origens volte a soprar em nossas mentes e em nossos corações, como soprará, no fim dos tempos, para despertar os nossos corpos para a vida sem fim" (Missal Romano). João Paulo II assim escreveu: "Com efeito, na ressurreição de Cristo, o Espírito Santo Paráclito revelou-se sobretudo como aquele que dá a vida: 'Aquele que ressuscitou Cristo dos mortos vivificará também vossos corpos mortais, por meio do seu Espírito, que habita em vós'. Em nome da Ressurreição de Cristo, a Igreja anuncia a vida, que se manifestou para além das fronteiras da morte, a vida que é mais forte que a morte. Ao mesmo tempo, ela anuncia aquele que dá esta vida: o Espírito vivificante; anuncia-o e coopera com ele para dar a vida"(Dominum et vivificantem, 58).

3. JESUS CAMINHO! ABRE MEU CORAÇÃO PARA ACOLHER A TUA VONTADE

- Indicar para conversar e responder no caderno as duas primeiras questões:
  - O que esta Palavra diz para nós?
  - O que significa dizer que o Espírito nos envia a profetizar?
  - A quem e em que situações somos chamados a profetizar hoje?
  - Olhando a realidade da criação que sofre, (ossos secos), o que podemos fazer para dar-lhe nova vida e fazê-la viver novamente?

Aprofundando o tema: A oração do Credo ilumina a nossa vida.

- Rezamos: "Creio no Espírito Santo, na Santa Igreja Católica, Na comunhão dos Santos, na remissão dos pecados, na ressurreição da carne, na vida eterna. Amém". O Espírito Santo aparece desde o início da criação como sopro que fecunda e dá alento às coisas (Gn1,2). É o Espírito que suscita os profetas, anima a vida de Jesus desde o nascimento, encoraja os discípulos para continuar a missão de Jesus. Foi com Jesus que a humanidade pôde conhecer e receber o Espírito Santo. Por Jesus, Deus enviou a nossos corações o Espírito de seu filho que clama: "Abba, Pai". Na força deste Espírito somos chamados a viver como Jesus viveu, a fazer suas obras, a dar vida, onde a vida está enfraquecida. O Espírito Santo é a força de Deus na vida do cristão, na família, na comunidade e no mundo. Por outro lado, tudo o que causa divisão, escravidão, egoísmo e morte não vem do Espírito Santo.

4. JESUS VIDA! FORTALECE A MINHA VONTADE PARA VIVER A TUA PALAVRA

- Orientar:
  - O que este encontro, esta Palavra me faz dizer a Deus? Cada um, em silêncio, faça sua oração.
  - Escreva uma palavra ou uma frase que chamou a atenção do texto bíblico de Ezequiel.
  - Renovemos, juntos, nossa fé no Senhor ressuscitado e no Espírito Santo de Deus, rezando o Creio e estendendo nossa mão para a vela.

Canto: adequado ao tema do encontro.

5. COMPROMISSO

- O grupo prepara uma encenação do texto de Ezequiel para ser apresentada em um encontro de formação com os pais da catequese ao longo do ano.

- O Espírito recria, faz novas todas as coisas e dá vida. Não podemos rezar "Creio no Espírito Santo", se em nossa vida e com nossas **atitudes não procuramos viver a vida conforme o Espírito**.

- Esta semana, com os pais, em casa, com os vizinhos e na escola, o que podemos fazer concretamente para dar nova vida e alegria que vem do Espírito? Que gestos, ações, palavras...?

6. COMPREENDENDO A MISSA

Após o abraço da paz acontece a fração do pão. O sacerdote parte a Eucaristia e coloca uma parte da hóstia no cálice, simbolizando a união da natureza de Jesus de Nazaré com o Cristo glorioso, humano e divino. A hóstia a ser partida deve ser grande para que possa ser visualizada por toda a assembleia. Simboliza Jesus partindo o pão junto com os doze apóstolos e a união dos fiéis que brota da Eucaristia, o pão da vida da comunidade. Reunidos em torno da Eucaristia, os fiéis se tornam um só corpo em Cristo Jesus.

AVALIAÇÃO DO CATEQUISTA

Durante a semana, avaliar o encontro. Anotar os pontos fortes. Como se sentiu? Os objetivos foram alcançados? Quais foram as dificuldades encontradas?

Lembrete:

Antes da celebração da Crisma, fazer com os catequizandos e pais a celebração número 2, no anexo 1.

Tema: Celebração da luz e dos dons do Espírito Santo.

Os frutos do Espírito Santo na vida do cristão

17º Encontro

Preparando o encontro

Iluminados por Deus, somos chamados a ser, no meio do mundo onde vivemos, sinais do bem e da bondade divina. Como uma árvore que recebe da terra a seiva para produzir o fruto, nós recebemos as graças de Deus, os dons do Espírito, para produzirmos obras de justiça e de caridade.

Objetivo: Levar os crismandos a experimentar a alegria de viver guiados pelo Espírito e a produzir frutos que vem d'Ele.

Preparação do ambiente: Vela, Bíblia, targetas de papel em branco, canetinhas coloridas.

1. MOMENTO DE ACOLHIDA E ORAÇÃO

- Acolher a cada um que vem ao encontro da alegria que vem do Espírito Santo.
- Orientar para rezar juntos:
  - Mantra: *Vem ó Santo Espírito, Vem ó Santo Espírito*
    (repetir várias vezes).
- Cantar o sinal da cruz.

Oração: *Vinde, Espírito Santo, enchei os corações dos vossos fiéis e acendei neles o fogo do vosso amor. Enviai o vosso Espírito e tudo será criado, e renovareis a face da Terra.*

Oremos: *Deus, que instruístes os corações dos vossos fiéis com a luz do Espírito Santo, fazei que apreciemos retamente todas as coisas, segundo o mesmo Espírito, e gozemos sempre da sua consolação. Por Cristo, Senhor Nosso. Amém!*

- Iniciando a conversa:
    - No encontro passado, conversamos sobre o tema: Creio no Espírito Santo.
    - Assumimos compromissos no final do encontro:
        - O que conseguimos realizar?
        - O que ainda devemos continuar fazendo?

        (Ajudar o grupo a falar e partilhar.)
- Comentar: O nosso encontro será continuidade do encontro passado. Quem crê e vive conforme o Espírito Santo orienta-se e inspira-se para produzir os frutos que vem d'Ele. Hoje veremos juntos quais são os frutos do Espírito Santo. Somos chamados a sermos livres, vivendo segundo o Espírito.

2. JESUS VERDADE! AJUDA-ME A CONHECER A TUA PALAVRA

Canto:

Tua Palavra é lâmpada para os meus pés, Senhor.

Lâmpada para meus pés, Senhor, luz para o meu caminho,

Lâmpada para os meus pés, Senhor, luz para o meu caminho.

- Leitura do texto bíblico: Gl 5,13-26.
- Reler o texto para compreendê-lo bem.
    - O que diz o texto?
    - Cada um lê novamente o texto individualmente. Destaque a parte que mais chamou sua atenção.

Para reflexão do catequista

Há sempre uma luta dentro de nós: fazer o que é certo ("viver no Espírito") ou ceder ao erro (instinto). Quem escolheu o Espírito de vida, o Espírito de Cristo, não aceita ceder aos instintos. Quem se educa no estilo de vida em Cristo, encontra forças para vencer a tentação. Isso é viver no Espírito Santo! Aprende-se viver para as coisas nobres ou do alto, como diz a Bíblia.

Inspirados em Jesus Cristo, convivemos em paz e somos livres. Já fomos libertados por Cristo em seu sangue na cruz, não podemos retroceder. O Espírito de Deus não aprova o pecado, mas salva o pecador. Uma vez iluminados pelo dom do Espírito, nossa vida deve estar voltada ao autodomínio! Inebria-te do Espírito Santo para viver em paz e manifestar em tua vida os frutos de uma vida de seguidor de Jesus Cristo!

Documentos da Igreja para a reflexão do catequista

"Sob a influência do Espírito Santo, este homem interior, quer dizer, 'espiritual', amadurece e se fortalece. [...] Pelo dom da graça, que vem do Espírito Santo, o homem entra 'numa vida nova', é introduzido na realidade sobrenatural da própria vida divina e torna-se 'habitação do Espírito Santo', 'templo vivo de Deus'. Com efeito, pelo Espírito Santo, o Pai e o Filho vêm a ele e fazem nele a sua morada. Na comunhão de graça com a Santíssima Trindade dilata-se 'o espaço vital' do homem, elevado ao nível sobrenatural da vida divina. O homem vive em Deus e de Deus, vive 'segundo o Espírito' e 'ocupa-se das coisas do Espírito'."[...] "É realizada, assim, plenamente, aquela imagem e semelhança de Deus, que o homem é desde o princípio"(Dominum vivificantem, 58.59).

3. JESUS CAMINHO! ABRE MEU CORAÇÃO PARA ACOLHER A TUA VONTADE

- Indicar para registrar no caderno a resposta à primeira pergunta e a partir dela realizar as demais, motivando o discernimento sobre a Palavra:
  - O que esta Palavra nos ensina?
  - Quando e em quais situações da nossa vida produzimos frutos que são do Espírito?
  - Quando produzimos frutos que não são do Espírito?

- Quais destes frutos precisam ser mais testemunhados por nós cristãos, para que o mundo e a sociedade acredite?
- Escrever nas tiras de papel em branco que estão à nossa frente, quais são os frutos do Espírito, conforme o texto que refletimos.

4. JESUS VIDA! FORTALECE A MINHA VONTADE PARA VIVER A TUA PALAVRA

- Comentar: Olhando para os frutos do Espírito que lemos no texto bíblico, que estão escritos à nossa frente, espontaneamente façamos nossa oração, nossas preces ao Senhor. Prece de súplica, de louvor, de perdão. (Deixar tempo para isto.)

Oração: *Ó Espírito Santo! Amor eterno do Pai e do Filho, inspirai-me sempre o que devo pensar, o que devo dizer, como devo dizê-lo, o que devo calar, o que devo escrever, como devo agir, o que devo fazer para procurar vossa glória, o bem das pessoas, e o caminho de santificação. Ó Espírito Santo! Ajudai-me a ser bom e fiel, à graça de Deus. Inflamai-me no fogo do vosso amor para que possamos transformar o mundo. Amém!*

- Vamos juntos repetir os frutos, dons do Espírito Santo, para gravá-los no coração: "amor, alegria, paz, paciência, amabilidade, bondade, fidelidade, modéstia e autodomínio" (Gl 5,22).

Canto: *O Espírito do Senhor repousa sobre mim* ou outro adequado ao tema.

5. COMPROMISSO

- Os frutos do Espírito Santo são: justiça, paz, fraternidade... Pensar juntos: Atitudes concretas que podemos assumir como grupo, para vivermos os frutos do Espírito em nossa caminhada catequética.
- Ler com a família, em casa e conversar: Quais frutos do Espírito devem ser assumidos com mais empenho para vivermos mais conforme o que nos inspira o Espírito de Deus?

6. COMPREENDENDO A MISSA

A fração do pão é acompanhada pelo canto ou reza do Cordeiro de Deus. É de origem oriental e acompanha a fração do pão desde o século VII. Trata-se de uma súplica ao Cordeiro, inspirada no testemunho de João Batista (cf. Jo 1,29). O Cordeiro se sacrifica por nós e é nosso alimento. O cordeiro da Antiga Aliança encontra sua superação em Jesus, o Cordeiro de Deus que tira o pecado do mundo. A última súplica do Cordeiro, "dá-nos a paz", é pela paz que vem do mistério pascal. É a mesma paz pela qual a comunidade rezou no Pai-Nosso e no abraço da paz.

AVALIAÇÃO DO CATEQUISTA

Durante a semana, avaliar o encontro. Anotar os pontos fortes. Como se sentiu? Os objetivos foram alcançados? Quais foram as dificuldades encontradas?

18º Encontro

Sacramento da Confirmação

Preparando o encontro

O Sacramento da Crisma deve ser celebrado em profunda comunhão com o Batismo e com a Eucaristia, que nos leva à perfeita participação na vida e na missão de Jesus. A história nos indica que no início da Igreja não havia separação ritual entre o Batismo e a Confirmação. A iniciação cristã se concretizava na Vigília Pascal, quando o candidato era introduzido na comunidade cristã e participava da ceia pascal. No Batismo recebemos de Deus o dom da fé. Nossos pais e padrinhos assumiram seguir Jesus Cristo e seu Evangelho em nosso nome. Agora, pelo Sacramento da Crisma, nós mesmos confirmamos a fé que recebemos e assumimos com responsabilidade nossos compromissos cristãos.

Objetivo: Preparar o grupo para a celebração da Confirmação, Sacramento da maturidade da fé cristã, à luz do Espírito Santo.

Preparação do ambiente: Bíblia, uma vela grande, cada catequizando recebe uma vela pequena.

1. MOMENTO DE ACOLHIDA E ORAÇÃO

- Acolher com alegria e festa cada um dos catequizandos, entregando uma pequena vela.
- Iniciar o encontro fazendo juntos o sinal da cruz.

Canto: *Vem, vem, vem, vem Espírito Santo de amor.*

- Iniciando a conversa:
  - Como vivemos o compromisso da semana passada?

- O que conseguimos realizar?
- Quais são os frutos do Espírito que conseguimos viver com maior intensidade ao longo da semana?

    (Deixar tempo para partilhar as experiências.)

- Comentar: Nossa reflexão de hoje vai nos conduzindo para a celebração próxima do Sacramento da Crisma ou Confirmação. Queremos compreender mais e melhor o que significa este momento importante da nossa vida, no caminho que estamos fazendo de Iniciação à Vida Cristã.
    - O que já sabemos sobre a Crisma? Por que realizar este Sacramento? A Palavra de Deus vai iluminar nossa reflexão.

2. JESUS VERDADE! AJUDA-ME A CONHECER A TUA PALAVRA

- Todos de pé, aclamar a Palavra com um canto.
- O catequista ou um catequizando proclama o texto bíblico de Lc 4,18-21, enquanto todos escutam com muita atenção.
- Cada um lê novamente, em silêncio.
    - Onde Jesus estava quando fez esta proclamação?
    - A quem Jesus dirigiu a Palavra?
    - Vamos repetir as expressões que afirmam para quê Jesus foi ungido e enviado (V. 18-19).

Para a reflexão do catequista

Quando Jesus inicia sua missão junto ao povo, Ele esclarece que está fazendo tudo em nome de Deus. Sabe-se enviado por Deus e por isso diz: "O Espírito de Deus está em mim". Ele logo deixa claro que está animado, não por seus interesses, mas por Deus. Por isso Ele está "a serviço de Deus e do povo".

Quando alguém "mantém os olhos fixos em Jesus"(V. 20) faz tudo como Ele. É uma pessoa animada, perseverante, alegre e desprendida, pois antes de tudo, quer servir! Isso significa ter o Espírito de Deus ou ser inspirado pelo modo como Jesus fazia.

Anunciar o Evangelho aos pobres, libertar os presos e fazer cegos enxergarem é a missão de Cristo e de todos os cristãos. O Evangelho anuncia os preferidos de Jesus: os pobres, os presos e os cegos.

Cabe uma reflexão pessoal: será que nós nos preocupamos com os pobres, com os presos e com os cegos? Será que nós nos preocupamos com os que estão à margem da sociedade? Pobres e excluídos sempre estarão no meio de nós. Os presos não estão somente nos presídios, mas há presos aos bens do mundo, na alienação do poder e do ter. Há cegos da autossuficiência, da arrogância, da ganância, da falta de fé e da ausência de Deus.

Por isso, como Jesus, recebemos o Espírito Santo, "dom de Deus", no Sacramento da Confirmação. As capacidades que recebemos na vida são dons de Deus e, por isso, Jesus ensina que devemos usá-las também para o bem dos outros. O Sacramento da Confirmação é a graça de Deus que se manifesta em cada um de nós como dom e convite para trabalhar pelo Reino de Deus, pela força do Espírito Santo.

Documentos da Igreja para a reflexão do catequista

"O Espírito Santo, que já opera a santificação do povo de Deus por meio do ministério e dos sacramentos, distribui aos fiéis também dons particulares (cf. 1Cor 12,11), a fim de que o dom que cada um recebeu seja posto a serviço dos outros, e assim contribuam também eles, como bons administradores da graça multiforme de Deus (1Pd 4,10), para a edificação de todo o corpo na caridade"(Apostolicam Actuositatem, 3). Nos recorda, ainda, o Vaticano II: "pelo sacramento da Confirmação são vinculados mais perfeitamente à Igreja, enriquecidos de força especial do Espírito Santo, e assim mais estritamente obrigados à fé que, como verdadeiras testemunhas de Cristo, devem difundir e defender tanto por palavras como por obras" (Lumen Gentium, 11). Aos crismados,

> Santo Ambrósio diz: "Lembra-te, portanto, de que recebeste o sinal espiritual, o Espírito de sabedoria e de inteligência, o Espírito de conselho e força, o Espírito de conhecimento e de piedade, o Espírito do santo temor, e conserva o que recebeste. Deus Pai te marcou com o seu sinal, Cristo Senhor te confirmou e colocou em teu coração o penhor do Espírito"(Sto. Ambrósio, myst. 7,42).

3. JESUS CAMINHO! ABRE MEU CORAÇÃO PARA ACOLHER A TUA VONTADE

- Comentar e conversar a partir das perguntas.
  - Como batizados, continuamos o caminho da Iniciação à Vida Cristã, agora, pelo Sacramento da Confirmação. Receberemos o mesmo Espírito Santo que impulsionou Jesus na sua missão e os apóstolos no dia de Pentecostes.
  - O que a Palavra de Jesus que ouvimos, diz para nós que estamos nos preparando para a Crisma?
  - O que diz para o cristão dentro da realidade em que vivemos?
  - O que o Sacramento da Confirmação pede de nós?

> A Crisma ou Confirmação é a força de Deus através do Espírito Santo que age na pessoa. É a experiência de vida celebrada. É o Sacramento do cristão que está amadurecendo na fé. Nele recebem-se os dons do Espírito Santo: sabedoria, entendimento, conselho, fortaleza, piedade, ciência e temor de Deus. Eles são dons que aproximam da vocação à santidade e dão segurança para cumprir o projeto de Jesus. A Confirmação completa o Batismo, pelo qual recebemos o dom do Espírito Santo que concede a força para testemunhar o amor e o poder de Deus com palavras e atos na comunidade.
>
> No Batismo recebemos o Espírito Santo e nos transformamos de criaturas de Deus para filhos de Deus. Na Crisma confirma-se com consciência o querer ser filho de Deus e assumir a missão

da evangelização. O Deus que os apóstolos receberam no dia de Pentecostes é o mesmo que recebemos no Sacramento da Crisma, por isso a mesma autoridade de anúncio da Palavra de Deus é a mesma que possuímos. O dia em que nos crismamos é o dia de nosso Pentecostes, onde o Espírito Santo nos é enviado para transformar e santificar.

Estamos dispostos a viver o que celebraremos neste Sacramento?

4. JESUS VIDA! FORTALECE A MINHA VONTADE PARA VIVER A TUA PALAVRA

- O que esta palavra me faz dizer a Deus?

  (Inclinar a cabeça e rezar em silêncio.)

- Comentar: Vamos invocar a graça do Espírito Santo, que é fogo, é luz, é dom de Deus sobre cada um de vocês que estão se preparando para celebrar o Sacramento da Confirmação. Peçamos que vocês tenham seus corações purificados de toda maldade, da mentira, do mal e possam desejar o Reino como o maior tesouro de suas vidas e desejar ser luz no mundo.

- Os crismandos acendem sua vela na vela grande, segurando-a com a mão esquerda e colocam a mão direita no coração, enquanto o catequista reza assim:

Deus, que ungistes vosso filho nas águas do rio Jordão com o Espírito Santo e o entregastes para a nossa salvação, olhai estes vossos crismandos que se dispõem com fervor para receber a Crisma. Abençoai-os e, fiéis às vossas promessas, preparai-os e santificai-os para serem dignos dos vossos dons e possam, assim, serem configurados mais perfeitamente ao vosso Filho e serem testemunhas do Reino de Jesus. Por Cristo, Nosso Senhor. Amém.

Todos rezam juntos o salmo 27, da Bíblia – "O Senhor é minha, Ele é minha salvação". É uma oração de confiança para buscar forças e coragem para enfrentar as dificuldades. (Podem rezar um versículo cada um.)

5. COMPROMISSO

- Cada um pense em silêncio e escreva no seu caderno:
  - Qual compromisso posso assumir como jovem crismando, diante das situações de injustiças, de miséria e de corrupção que vivemos em nossa realidade?
  - Como posso testemunhar Jesus Cristo a outros jovens que estudam, se divertem e convivem comigo?

6. COMPREENDENDO A MISSA

É chegada a hora da comunhão. Jesus vivo na Eucaristia é o alimento para as lutas do dia a dia na peregrinação até a Jerusalém celeste. É o momento do encontro com Jesus eucarístico. Comer juntos a Ceia do Senhor é sinal de aliança com Ele e união entre os batizados. Nos tornamos um só com Cristo, na sua entrega na Cruz e recebemos a força de seu Espírito, nosso defensor e renovador da vida. Ao comungarmos, tomamos parte do banquete da vida e nos tornamos dom de vida e amor para nossos irmãos e irmãs. Aumenta em nós o desejo de caridade e de compromisso com todos os que sofrem e necessitam de nossa ajuda. Não se pode comungar e permanecer indiferente diante das necessidades das pessoas.

AVALIAÇÃO DO CATEQUISTA

Durante a semana, avaliar o encontro. Anotar os pontos fortes. Como se sentiu? Os objetivos foram alcançados? Quais foram as dificuldades encontradas?

19º Encontro

Confirmados no Espírito para sermos a Igreja de Jesus

— Preparando o encontro —

Os apóstolos também enfrentaram muitas dificuldades na missão, mas o Espírito Santo concedia-lhes os dons necessários para enfrentar com coragem os problemas que surgiam. Confirmados na fé, integrados na comunidade dos cristãos, devemos ser testemunhas de Jesus Cristo no meio do mundo e convidar outros para segui-lo.

Objetivo: Despertar nos crismandos a ação santificadora do Espírito, como continuidade da ação de Jesus, o sentido da pertença à Igreja, colocando seus dons a serviço.

Preparação do ambiente: A Bíblia, algo que represente o Espírito Santo (pode ser fogo ou pomba), meia folha de A4, flocos de algodão coloridos e uma vela.

1. MOMENTO DE ACOLHIDA E ORAÇÃO

- Acolhida aos catequizandos.
- Convidar para o sinal da cruz.

Oração: *Senhor Jesus, tu que enviaste aos apóstolos o Espírito Santo, concede, a cada um de nós, vivermos segundo esse mesmo Espírito. Amém.*
Canto: Escolher um canto do Espírito Santo.

- Iniciando a conversa:
    - Convidar a ler em seus livros o texto: A nossa vida é feita de momentos bons e agradáveis, mas também por momentos difíceis e de medos. O encontro de hoje quer iluminar a nossa vida para podermos compreender e agir conforme o Espírito. Os apóstolos viveram momentos de tensões e dificuldades, dentro e fora da comunidade,

mas o Espírito Santo estava com eles, auxiliando-os e concedendo-lhes as graças necessárias para superar as dificuldades e viver a missão confiada e convidar outros para seguir o projeto de Jesus.
- Solicitar: Cada catequizando é convidado a escrever na folha de papel, uma dificuldade que cada um está vivendo e o que faz para resolvê-lo.

2. JESUS VERDADE! AJUDA-ME A CONHECER A TUA PALAVRA
- Leitura do texto bíblico: At 9,26-31.
- Reler por versículos, espontaneamente.
- Convidar a refletir e depois partilhar com o grupo:
    - Qual a dificuldade que aparece no texto?
    - Como é resolvida a situação?
    - Quais as estratégias usadas para consolidar a missão dos apóstolos?

Para reflexão do catequista

No livro dos Atos no capítulo nove, inicia a carreira de Paulo como discípulo e apóstolo de Jesus Cristo. Paulo volta a Jerusalém e inicia a sua vocação de apóstolo junto aos judeus que lhe eram mais próximos culturalmente, os de língua grega. Essa afinidade cultural não lhe serviu de passaporte, mas irritou mais ainda os seus conterrâneos que, ao contrário de ouvi-lo com atenção, procuravam matá-lo. Diante disso: "Quando ficaram sabendo disso, os irmãos levaram Saulo para Cesareia e daí para Tarso" (At 9,30). Era apenas o início das dificuldades de Paulo. Mas, como ele mesmo dirá mais à frente: "Nada me separará do amor de Cristo!"(Rm 8,39).

Um membro da comunidade apresenta um argumento precioso que cria a solidariedade para com Paulo, que é o testemunho corajoso.

A dificuldade vivida por Ananias quando precisou encontrar Saulo foi similar a enfrentada pelos irmãos em Jerusalém quando Paulo voltou para lá. Deus providenciou um homem que se dispôs a acreditar em sua conversão e o apresentou aos irmãos. Entre a conversão em Damasco e a chegada em Jerusalém há um período de três anos que Paulo passou na Arábia.

O papel de Barnabé foi muito importante nesse processo. Ele apresentou Paulo aos líderes da Igreja que acolheu o novo convertido. A partir de então, Paulo mostrou espírito corajoso e saiu às ruas para testemunhar. Em Damasco se repetiu o fato de Jerusalém. Ele foi perseguido, e os apóstolos o mandaram secretamente para outro lugar.

Ananias e Barnabé ainda hoje estão presentes no meio das comunidades. Eles são representados pelas pessoas que ensinam a Igreja, a receber as diferenças que vêm de realidades diferentes. O versículo 31 mostra uma retrospectiva de todas as comunidades cristãs. Mencionando as três regiões da Palestina, Lucas salienta que a Igreja se estabelece em todos os lugares do antigo Israel. A Igreja é o conjunto das comunidades. A fé em Jesus e a força do Espírito Santo são as duas fontes da vida da Igreja.

Documentos da Igreja para a reflexão do catequista

Todos são chamados para participar da ação pastoral da Igreja. Porém todos deverão estar conscientes de que a diversidade de culturas e expressões criam dificuldades. O Documento de Aparecida afirma que a evangelização se dá primeiro com o testemunho de sua vida e, em segundo lugar, com ações no campo da evangelização, da vida litúrgica e outras formas de apostolado, segundo as necessidades locais sob a orientação de seus pastores. A acolhida de novos missionários implica disposição a abrir para eles espaços de participação e a confiar ministérios e responsabilidades em uma Igreja onde todos vivam de maneira responsável seu compromisso cristão. "Aos catequistas, ministros da Palavra e animadores de comunidades que cumprem uma magnífica tarefa dentro da Igreja, os reconhecemos e animamos a continuarem o compromisso adquirido pelo Batismo e confirmado através do testemunho de sua vida e ação no seguimento a Jesus Cristo. (cf DAp, 211). Sobre a importância

> da atuação dos leigos nas comunidades, continua dizendo o Documento de Aparecida: "Reconhecemos o valor e a eficiência dos Conselhos paroquiais, Conselhos diocesanos e nacionais de fiéis leigos, porque incentivam a comunhão e a participação na Igreja e sua presença ativa no mundo. A construção da cidadania, no sentido mais amplo, e a construção de eclesialidade nos leigos, é um só e único movimento"(Dap n. 215).

3. JESUS CAMINHO! ABRE MEU CORAÇÃO PARA ACOLHER A TUA VONTADE

- Cada catequizando retoma a folha onde escreveu o conflito que está vivendo e o confronta com a Palavra de Deus.
- Em duplas, cada um partilha o conflito que está vivendo e suas conclusões ao confrontar com a Palavra de Deus. Depois, conversar analisando quais são as possibilidades para resolvê-la ou a melhor forma de conviver com a situação.

4. JESUS VIDA! FORTALECE A MINHA VONTADE PARA VIVER A TUA PALAVRA

- Cada catequizando recebe um floco de algodão. O catequista convida os catequizandos a olharem para o pedacinho de algodão e pensar: Quais dons recebi de Deus?

    (Após um tempo de silêncio, o catequista continua.)

- Este algodão representa os dons que temos. Agora vamos partilhar um pouco destes dons com nossos irmãos. Diga que dom você partilha, dando-lhe um pedacinho do algodão.

    (Ao final, pedir para eles olharem para o algodão que eles têm nas mãos e ver o que mudou.)

- Fazer com que os catequizandos observem que agora está colorido. Mostrar a importância de partilharmos os dons. Ao partilhar, ninguém perde, todos ganham, inclusive a pessoa que se doa.

- Em círculo, com a vela, Bíblia e o símbolo do Espírito Santo no centro, motivar agradecer a Deus pelos dons que temos. Cada um coloca o seu algodão perto dos símbolos e diz que dom gostaria de agradecer a Deus. Todos dizem: *Obrigado senhor pelo dom...* (Repete o dom que o catequizando disse.)

- Após, convidar os catequizandos a escreverem no caderno o que a Palavra os faz dizer a Deus.

5. COMPROMISSO

- Em silêncio, cada um pensa: Como vai viver o dom que recebeu, durante a semana e na comunidade?
- No próximo encontro será feita a partilha da experiência vivida.

6. COMPREENDENDO A MISSA

Antes de distribuir a Eucaristia aos fiéis, o sacerdote prepara-se com uma oração própria, em silêncio. Em seguida, mostra a hóstia e convida a todos a participar da Ceia do Senhor. "Felizes os convidados para participar da Ceia do Senhor". E o povo responde com um ato de fé: "Senhor, eu não sou digno de que entreis em minha morada, mas dizei uma só palavra e serei salvo" (cf. Mt 8,8). Quando a pessoa responde "Amém" à interpelação "Corpo de Cristo", dá o seu profundo e consciente consentimento e mergulha no mistério do amor de Deus. O momento da comunhão é acompanhado pelo canto de comunhão, que expressa a união espiritual do povo de Deus que vai ao encontro do pão da vida.

AVALIAÇÃO DO CATEQUISTA

Ao longo da semana, avaliar o encontro, anotar os pontos que foram fortes, como se sentiu. Procurar perceber se os objetivos foram atingidos. O que alcançou e quais as dificuldades sentidas?

Confirmados no Espírito para promovermos a vida

20º Encontro

Preparando o encontro

Nós somos envolvidos pelo Espírito de Deus e somos possuidores de um tesouro inestimável que é a verdade do Evangelho de Jesus Cristo. Precisamos responder positivamente, nos tornando promotores da vida. O respeito profundo pelas pessoas, o cuidado com a natureza e a defesa da verdade, são formas de protegermos a vida em todas as suas circunstâncias.

Objetivo: Ajudar os crismandos a se comprometerem com a vida que vem do Espírito, a serviço da sociedade, como testemunhas do Reino.

Preparação do ambiente: Tiras de papel para os catequizandos escreverem, galhos secos e lixo, coisas que simbolizam morte, toalha, flores, Bíblia e outras coisas que simbolizam vida.

1. MOMENTO DE ACOLHIDA E ORAÇÃO

- Comentar:
    - Queridos catequizandos. Deus nos convida e nos reúne em seu nome. Este nome nos santifica e nos faz dizer: Em nome do Pai. (Fazer o sinal da cruz.)
    - Que a graça de Deus esteja com cada um e os mesmos sentimentos que moveram Jesus Cristo cresçam em nós. Amém.

Canto: *Adequado ao tema do encontro.*

- Iniciando a conversa:
    - No encontro passado conversamos sobre os conflitos que vivemos e os dons como serviço. Partilhemos, hoje, como foi a nossa experi-

ência. Conseguiram viver os dons durante a semana? Como estão colocando os mesmos a serviço da comunidade?

(Deixar tempo para falar.)

- Comentar e dialogar com os catequizandos:

Nosso encontro tem como tema: "Confirmados no Espírito para promovermos a vida". O Espírito nos impulsiona para o bem, para a vida, para o amor. Deus criou o ser humano para viver em plenitude. Para que isso aconteça é necessário colocar-se a serviço dos irmãos. A solidariedade dá sentido à vida.

- Como vivemos a nossa missão no mundo? Como está a nossa sociedade? Que doenças ela tem?
- Convidar: Procuremos através da Palavra de Deus que hoje vamos ler, meditar e rezar, compreender como podemos fazer para defender a vida, fruto do Espírito de Deus.

2. JESUS VERDADE! AJUDA-ME A CONHECER A TUA PALAVRA

- Leitura do texto bíblico: Mt 25,31-46.
- Reler o texto.
- Motivar a refletir e depois partilhar com o grupo:
    - Como Jesus descreve o juízo final?
    - Que imagens Jesus usa neste texto?
    - Quem são os justos e o que fazem?
    - Quem são os cabritos e por quê?
    - Qual o destino de cada grupo, conforme o texto?

Para reflexão do catequista

Este texto do Evangelho mostra Deus separando ovelhas de cabritos. A diferença é que a ovelha é animal dócil e o cabrito é mais agressivo. Com essa imagem o Evangelho quer ensinar que aquilo que somos uns aos outros aqui na terra é o que conta para a eternidade, para a ressurreição. Diante de Deus vale aquilo que cada um faz aqui na terra. Por isso, a vida é uma oportunidade única. As pessoas colocadas tanto à direita, comparadas com as ovelhas, como as colocadas à esquerda, comparadas aos cabritos, aprenderam como Jesus vivia e aprenderam que deviam viver como Ele. Mas nem todos fizeram assim. Deus não iguala os que viveram de forma errada com os que viveram bem. Os que aqui foram bons (dar de comer, beber...) terão uma recompensa e aqueles que foram indiferentes e injustos terão outro fim. O que faz a pessoa se salvar ou não é a solidariedade que viveu no mundo. Os bons são chamados "abençoados", os outros, "malditos". No rosto de quem sofre encontramos o próprio Cristo, que nele sofre: "foi a mim que o fizeste" (V. 40). Cada um de nós é convocado para ser evangelizador, construindo um mundo novo. A vivência da caridade é a expressão maior de nossa vida cristã. Assim seremos verdadeiros anunciadores da boa nova.

Documentos da Igreja para a reflexão do catequista

Ensina-nos o Documento de Puebla, que os leigos batizados e crismados são "homens da Igreja no coração do mundo, e homens do mundo no coração da Igreja"(Documento de Puebla, 786). Recomenda que "o leigo deverá buscar e promover o bem comum, na defesa da dignidade do homem e dos seus inalienáveis direitos, na proteção dos mais fracos e necessitados, na construção da paz, da liberdade, da justiça; na criação de estruturas mais justas e fraternas",valores que fazem do leigo cristão ser comprometido pela causa do Evangelho por força de seu batismo (cf DP n.792). Ainda, "os leigos não se podem eximir dum sério compromisso com a promoção da justiça e do bem comum" (DP, n.793). Na atualidade" "espaço próprio de sua atividade evangelizadora é o mundo vasto e complexo da política, da realidade social e da economia, como também da cultura, das ciências e das artes, da vida internacional, dos 'mass media', e outras realidades abertas à evangelização, como o amor, a família, a educação das crianças e adolescentes, o trabalho profissional e o sofrimento" afirma o Evangelii Nuntiandi,n. 70.

3. JESUS CAMINHO! ABRE MEU CORAÇÃO PARA ACOLHER A TUA VONTADE

- Motivar a conversar sobre:
    - O que esta Palavra de Deus nos diz?
    - Que ensinamento ela nos dá?
- Comentar: Deus não quer um mundo movido pelo egoísmo e pela falta de sentido. Por isso, o Espírito de Deus suscita no mundo e na Igreja, ações que promovem a vida e a dignidade. Nós, seres humanos, somos movidos pelo Espírito.
- Orientar: Vamos conversar sobre os frutos e as consequências de quem vive segundo o Espírito de Deus ou o egoísmo.
    - Dividir a turma em dois grupos: um grupo é movido pelo o Espírito de Deus e o outro pelo egoísmo.
    - O catequista começa a falar com o grupo que representa o Espírito de Deus, perguntando:
        - Como ele deve viver segundo este Espírito?
    - O outro grupo vai tentar convencer o catequista viver segundo os instintos egoístas, dizendo como ele deve agir.
- Solicitar para que cada catequizando escreva, numa tira de papel, um fruto do egoísmo e o que ele causa na sociedade. Enquanto os catequizandos fazem esta tarefa, o catequista coloca galhos secos e lixo no centro da sala, deixando um ambiente desagradável. Depois convida os catequizandos para colocarem as tiras de papel junto com o lixo.

4. JESUS VIDA! FORTALECE A MINHA VONTADE PARA VIVER A TUA PALAVRA

- Pedir para os catequizandos observarem como está a sala e como eles se sentem ao verem esta realidade. Depois os convidar a tomarem uma decisão em viverem assim ou transformarem a realidade.
- Para mudar esta realidade, convida-os a fazerem pedidos de perdão, tirando o papel ou algo que destrói a vida, colocando no lugar o que promove a vida.
- A cada pedido cantar: *Misericórdia nosso Deus perdão, misericórdia tende compaixão.*

- No final, colocar coisas que tornam o ambiente agradável: toalha, flores, Bíblia...

   (Deixar que falem sobre a diferença de um cenário e de outro.)
- Concluir rezando juntos, de mãos dadas, o Pai-Nosso.

5. COMPROMISSO

- Em nossas comunidades existem ações concretas que ajudam a promover a vida. São as pastorais sociais: pastoral da criança, pastoral da pessoa idosa, pastoral carcerária, pastoral da mulher marginalizada, pastoral da saúde, pastoral do pão, pastoral da Aids, recicladores e outras... Conhecemos estas ações? Quem trabalha nelas?
- Nesta semana, fazer contato com pessoas que trabalham nestas pastorais e trazer para o próximo encontro por escrito: Qual o nome da pastoral e qual seu objetivo? Como está organizada e quem atua nela?

6. COMPREENDENDO A MISSA

Ainda sobre a comunhão, o ideal seria comungar "sob as duas espécies", isto é, receber o pão e o vinho, o Corpo e o Sangue do Senhor. Como isso nem sempre é possível, opta-se por comungar apenas do pão. Após todos terem recebido a Eucaristia, inclusive os cantores, se oportuno, os fiéis e o sacerdote rezam em silêncio. Caso desejem, pode-se cantar um Salmo ou um canto de louvor. Em Cristo, encontramos a verdadeira paz que o nosso coração tanto anseia. Junto com o aspecto fortemente comunitário da Eucaristia, este momento é pessoal, de encontro com o Senhor, que nos chama pelo nome.

AVALIAÇÃO DO CATEQUISTA

Ao longo da semana, avaliar o encontro, anotar os pontos que foram fortes como se sentiu. Procurar perceber se os objetivos foram atingidos. O que alcançou? Quais as dificuldades sentidas?

21º Encontro

Confirmados no Espírito para sermos missionários

Preparando o encontro

Quem se deixa envolver pela força do Espírito Santo, necessariamente sai ao encontro dos outros para testemunhar Jesus Cristo e o seu Evangelho. Este testemunho se concretiza pela palavra que deve falar coisas boas, pelas ações que manifestam caridade, o respeito às pessoas e pela vida de oração que fortifica a fé.

Objetivo: Despertar nos catequizandos o espírito missionário de Jesus e o de tornar seu projeto conhecido por muitas pessoas.

Preparação do ambiente: Sandálias ou sacola com a frase: "Enviados pelo Espírito Santo."

1. MOMENTO DE ACOLHIDA E ORAÇÃO

- Iniciar o encontro com o sinal da cruz.
- Convidar: Pedimos ao Senhor para nos enviar o seu Espírito Santo e nos ajudar a alargar as fronteiras do nosso coração, a testemunhar o Evangelho. Vamos acolher o nosso colega dizendo uma palavra da Bíblia e dando um abraço de acolhida.
- Orientar: Em círculo, os catequizandos começam a falar, um por vez, começando pela esquerda do catequista.
- Iniciando a conversa:
- Como conseguimos viver nosso compromisso assumido na semana passada?
  - Quais são as pastorais sociais que existem em nossa comunidade? Quem trabalha nelas? O que fazem? Partilhar o que conseguiram fazer. (Deixar falar.)

- Comentar: Hoje, nosso encontro nos convida a refletir sobre a dimensão missionária. Somos confirmados no Espírito para sermos missionários.

  O Evangelho de Jesus é para todos os povos. A Igreja de Antioquia estava bem organizada, com funções partilhadas e decisões tomadas em assembleia. Ela se sente envolvida pelo Espírito Santo que a envia a outros povos não cristãos, para anunciar o Evangelho e a salvação. É o próprio Espírito que chama e envia a Igreja para que ela continue a crescer. Quem se fecha em si mesmo, morre. Quem sai de si e vai ao encontro do outro, vive.

2. JESUS VERDADE! AJUDA-ME A CONHECER A TUA PALAVRA

- Leitura do texto bíblico: At 13,1-4.
- Incentivar a refletir e partilhar com o grupo:
  - Quem eram os mestres e profetas da Igreja de Antioquia?
  - Como eles seguem a voz do Espírito?
  - Que apelo o Espírito fez à Igreja de Antioquia?

Para reflexão do catequista

A dimensão missionária da Igreja esteve presente desde o início da história do cristianismo. O Evangelho não ficou aprisionado, pois o Espírito anima, expande e age nas pessoas. Inicia uma nova etapa na história da Igreja: a difusão do Evangelho no meio dos pagãos. Os lugares onde a Igreja estava mais organizada se abre para difundir o Evangelho, para onde ainda não se realizou o anúncio.

É importante destacar que a decisão tomada foi fruto da partilha de opiniões, feita em assembleia litúrgica, isto é, a partir da oração e do jejum, em clima de discernimento e abertura ao Espírito Santo. As decisões são tomadas não por pessoas isoladamente, mas a partir de uma comunidade que com certeza era cheia de vida e vivência cristã. A dimensão missionária consiste em abrir-se para outras comunidades. O grupo escolhe quem deve realizar a missão, reza e impõe as mãos como gesto de envio e de compromisso. Este texto dos Atos dos Apóstolos nos ajuda a perceber como é importante uma comunidade organizada, valorizar os seus membros com as diferentes funções, não fechar-se sobre si mesma, capaz de tomar decisões em conjunto e de rezar junto. Você conhece alguma comunidade assim?

Documentos da Igreja para a reflexão do catequista

Neste momento histórico, todos os cristãos batizados e crismados da Igreja na América Latina são chamados a serem missionários: "Invocamos o Espírito Santo para podermos dar um testemunho de proximidade que entranha aproximação afetuosa, escuta, humildade, solidariedade, compaixão, diálogo, reconciliação, compromisso com a justiça social e capacidade de compartilhar, como Jesus fez. Ele continua convocando, continua oferecendo incessantemente uma vida digna e plena para todos. Nós somos agora, na América Latina, seus discípulos e discípulas, chamados a navegar mar adentro para uma pesca abundante. Trata-se de sair de nossa consciência isolada e de nos lançarmos com ousadia e confiança à missão de toda a Igreja". A convocação se dirige a todos à luz do Evangelho que declara que Jesus veio para dar vida plena para todos e, assim chamados de discípulos, seguir o Mestre e como missionários, anunciá-lo com ousadia (cf Documento de Aparecida,363).

A figura da mãe Maria, exemplo de discípula e missionária faz o convite para com ela estarmos atentos uma vez mais à escuta do Mestre, e ao redor dela, voltarmos a receber com estremecimento ao mandado missionário de seu Filho: *"Vão e façam discípulos de todos os povos"* (Mt 28,19). A escuta da Palavra de Deus desperta na comunidade a compreensão de que ser discípulos missionários significa experimentar "o encontro vivo com Ele e querer compartilhar com os demais essa alegria incomparável todos os dias"(cf Documento de Aparecida, 364).

3. JESUS CAMINHO! ABRE MEU CORAÇÃO PARA ACOLHER A TUA VONTADE

- Conduzir a conversa e partilha a partir das seguintes questões:
    - Como é a minha relação com a Igreja/comunidade de fé?
    - O que faço para ouvir a voz de Deus?
    - Como eu posso ser missionário?

4. JESUS VIDA! FORTALECE A MINHA VONTADE PARA VIVER A TUA PALAVRA

- Orientar:
    - Cada catequizando elabora um pedido, uma prece ou uma súplica ao Senhor a partir do encontro de hoje. Depois, convidá-los a dizer suas preces e após cada pedido, todos dizem: "Somos enviados pelo Espírito Santo".
- Ao final, todos repetem a oração:

Deus nosso Pai, nós te louvamos e te bendizemos por toda animação missionária que se realiza, por meio de vosso filho Jesus, caminho certo a seguir, verdade que liberta e vida que salva. Enviai sobre nós o Espírito Santo, para que nossas comunidades sejam sinal de vida e esperança para todos. Amém.

5. COMPROMISSO

- Participar em algum momento forte da comunidade, das santas missões populares, encontros de formação ou ajudar alguma pastoral que precisa de pessoas e mais participantes.

Lembrete:

Para o próximo encontro, trazer a foto da família.

6. COMPREENDENDO A MISSA

O rito da comunhão é concluído com a oração depois da comunhão. O sacerdote agradece a Deus pela Eucaristia e implora que seus frutos sejam abundantes e se traduzam em ações, em caridade, no dia a dia dos fiéis. Assim se estabelece a relação entre Eucaristia celebrada e Eucaristia vivida.

AVALIAÇÃO DO CATEQUISTA

Ao longo da semana, avaliar o encontro, anotar os pontos que foram fortes e como se sentiu. Procurar perceber se os objetivos foram atingidos. O que alcançou? Quais as dificuldades sentidas?

22º Encontro

Confirmados no Espírito para vivermos a presença de Deus no amor humano

Preparando o encontro

O amor entre as pessoas é um dom precioso que recebemos de Deus. Nossos sentimentos e nossa sexualidade devem colaborar para que o amor não se transforme em egoísmo ou prazer passageiro. Amar com sinceridade a outra pessoa requer compromisso de fazê-la feliz. Deus criou o homem e a mulher à sua imagem e semelhança, deu-lhes de presente a vida e tudo o que existe na terra. Deu-lhes a capacidade de serem livres e amar. O ser humano não vive sozinho. Viver em família é fundamental para que ele se desenvolva com integridade. Por isso, o Matrimônio é o Sacramento da família.

Objetivo: Valorizar a família como dom de Deus e lugar para viver o amor humano, expressão do amor de Deus.

Preparação do ambiente: A Bíblia, a vela, um par de alianças, folha de papel pardo de uns 70 cm, canetinhas e foto da família.

1. MOMENTO DE ACOLHIDA E ORAÇÃO

- Iniciar com o sinal da cruz.
- Pedir para cada um falar o nome das pessoas com as quais mora.
- Rezar juntos uma Ave-Maria.

Canto: *adequado ao tema do encontro.*

- Iniciando a conversa:
    - Retomar o compromisso assumido no encontro anterior e conversar sobre o que cada um conseguiu fazer.

- Comentar: Hoje vamos conversar e compreender melhor o sentido da família, do Sacramento do Matrimônio, do amor entre as pessoas, da importância em valorizar o ser homem e o ser mulher. Dentro de nós existe um grande desejo que nos move para o outro. Este desejo pode ser usado para expressar o amor ou o desamor. Homens e mulheres, todos, somos movidos por esta mesma energia. Ela se expressa de modos diversos, segundo o ambiente social, cultural, valores, credos e costumes.

- Orientar para formar grupos, solicitando:
    - Cada grupo deverá preparar uma dinâmica para apresentar as características do "ser homem" e do "ser mulher", mostrando a recíproca complementariedade. Essa dinâmica será apresentada aos colegas.
    - Após as apresentações refletir com os catequizandos sobre os valores do homem e da mulher, destacando a importância de caminharem juntos e de se complementarem.
- Motivar a escutar a Palavra de Deus e o que ela nos ensina.

2. JESUS VERDADE! AJUDA-ME A CONHECER A TUA PALAVRA

- Leitura do texto bíblico: Gn 1,27-28.
- Incentivar a reler o texto e refletir comentando com os colegas a partir das seguintes questões:
    - O que Deus criou?
    - Qual a missão que receberam?
    - O que significa afirmar: "o homem e a mulher são imagens de Deus"?

> **Para reflexão do catequista**
>
> Há dois ensinamentos neste texto.
>
> O primeiro ensinamento é que as mulheres e os homens espelham Deus, porque foram criados para viverem solidariamente. Nem só o homem, nem só a mulher é imagem de Deus, mas os dois juntos, porque devem ser solidários. Eles, juntos, são imagem de Deus porque precisam viver em comunhão, ou como se diz: "um é parte do outro". Toda pessoa é digna e merece o mesmo respeito, pois

todos são iguais, independente dos meus critérios de julgamento. O segundo ensinamento sai das palavras "eles devem se multiplicar". O multiplicador supõe a comunhão de vida, não numa relação egoísta, de possessão ou dominação do outro!

Jamais se é imagem de Deus e jamais se multiplicarão direito, sem o respeito ou cada um fazendo o que quer, sem agradar o outro. Quando dois jovens namoram, é para se conhecerem, para planejarem seus comportamentos, para terem um futuro com responsabilidade. Isto, para que possam viver semelhantes a Deus.

Documentos da Igreja para a reflexão do catequista

Quando confirmados no Espírito passamos a viver a presença de Deus na expressão do amor humano, portanto "A sexualidade, dom de Deus, é uma dimensão constitutiva da pessoa humana, que nos impulsiona para a realização afetiva no relacionamento com o outro". No entanto, a realidade vivida hoje pelos jovens, frente às propostas banais do mundo, são transformadas em " prazer e manipulação e corrupção das relações mais profundas entre as pessoas". Logo a grande preocupação da Igreja é " desenvolver um programa de educação para o amor que integre a sexualidade em um contexto mais amplo de crescimento e maturidade no qual ela seja baseada na liberdade e não no medo; leve em conta as exigências da ética cristã; leve ao amor e à responsabilidade; desperte para a autoestima, principalmente no cuidado com o corpo do próprio jovem e dos outros; tenha Deus, criador da vida, da sexualidade e da alegria, como sua fonte de inspiração". As diretrizes da Igreja são claras e enfáticas e consideram o papel da Igreja na responsabilidade de propor uma formação adequada para chegar até os jovens, bem como propor ações que fortifiquem sua busca de realização. (cf. CNBB, Evangelização da juventude: desafios e perspectivas pastorais. Documento 85, n. 103). A fé cristã tem, portanto, um olhar positivo sobre a sexualidade: "Deus, que criou o homem por amor, também o chamou para o amor, vocação fundamental e inata de todo ser humano". O Catecismo parte da realidade humana que foi criada à imagem e semelhança de seu Criador. "Tendo-os Deus criado homem e mulher, seu amor mútuo se torna uma imagem do amor absoluto e indefectível de Deus pelo homem. Esse amor é bom, muito bom, aos olhos do Criador" (cf. Catecismo da Igreja Católica, 1604).

3. JESUS CAMINHO! ABRE MEU CORAÇÃO PARA ACOLHER A TUA VONTADE

- Indicar para responder em seus cadernos:
  - O que nos ensina a Palavra de Deus que ouvimos?
  - O que diz para as nossas famílias?
- Orientar a olhar os cartazes que fizeram, as fotos que trouxeram de suas famílias e conversar:
  - Nossas famílias vivem conforme o desejo de Deus?
  - Quando as famílias expressam ser imagem de Deus?
  - Que dificuldades enfrentam as famílias?
  - Olhando para os cartazes e o que diz a Palavra de Deus, o que podemos aprender sobre o namoro, sobre o relacionamento do homem e da mulher?

4. JESUS VIDA! FORTALECE A MINHA VONTADE PARA VIVER A TUA PALAVRA

- Orientar para que diante da Palavra de Deus e das famílias, cada um faça sua oração pessoal no silêncio do seu coração.

  (Deixar um tempo de silêncio e depois convidar a partilhar a oração.)

- Após cada oração, cantar o o refrão da música *Oração pela Família* (Pe. Zezinho): *Abençoa Senhor as famílias, Amém! Abençoa Senhor, a minha também!*
- Cada catequizando toma nas mãos a foto da sua família e cantam juntos: *Cuidar da Família* (Padre Ezequiel Dal Pozzo, CD – *Deus é amor.*)

5. COMPROMISSO

- Conversar com os pais:
    - Como foi que eles se conheceram?
    - Como foi o namoro e o casamento?
    - Pesquisar na paróquia: Como são preparadas as pessoas para o casamento? Existem encontros de preparação para o matrimônio? Quem trabalha? Como são orientados?

6. COMPREENDENDO A MISSA

Ritos Finais: Como o próprio nome expressa, os ritos finais concluem a celebração eucarística. O sentido desse rito é enviar o povo de Deus em missão para que seja sinal de comunhão e salvação de toda a humanidade (cf. LG 1). A Palavra celebrada não pode ser guardada, mas transmitida às pessoas. Esses ritos são compostos pelos breves avisos, indicadores do engajamento na missão evangelizadora, a saudação e a benção do sacerdote sobre o povo, a despedida, o beijo e a inclinação ao altar como sinal de reverência ao próprio Cristo. A benção final, em nome da Santíssima Trindade, como também as palavras finais, coroam a ação litúrgica e expressam que o mistério celebrado continua no cotidiano da vida de cada pessoa.

AVALIAÇÃO DO CATEQUISTA

Ao longo da semana, avaliar o encontro, anotar os pontos que foram fortes, como se sentiu. Procurar perceber se os objetivos foram atingidos. O que alcançou? Quais as dificuldades sentidas?

23º Encontro

Confirmados no Espírito para sermos fortes nas adversidades da vida

Preparando o encontro

O sofrimento faz parte da vida humana. Ele não é um castigo de Deus e nem mesmo uma justificação de revolta e desânimo. Jesus viveu o sofrimento humano em sua vida terrena, santificou nossas dores e deu ao sofrimento um sentido redentor. Quem aceita o sofrimento com um coração generoso, se enche de paz interior. Jesus veio para salvar e curar as pessoas de todo tipo de mal e doença. Para Ele, a vida vale mais do que qualquer lei, ordem ou cultura. Jesus vê o sofrimento da pessoa e não fica indiferente. Assim também é a nossa Igreja, através do Sacramento da Unção dos Enfermos. Nele buscamos a força para viver com serenidade as nossas doenças.

Objetivo: Refletir com os catequizandos como o cristão, na força do Espírito Santo, enfrenta as adversidades da vida, o sofrimento e as doenças.

Preparação do ambiente: A Bíblia, a vela, imagem ou gravura do rosto de Jesus, fotos de revistas ou jornais de pessoas doentes e sofredores.

1. MOMENTO DE ACOLHIDA E ORAÇÃO

- Acolher os catequizandos e perguntar como foi a conversa com os pais e na comunidade sobre os encontros de preparação para o matrimônio.
- Convidar para ficar de pé, agradecer a Deus pela semana que passou e pedir luzes para o encontro de hoje, cantando o sinal da cruz.

- Iniciando a conversa:
    - Comentar: Deus não quer o mal e nem a doença Prova disso é Jesus, o seu Filho, que veio para libertar e curar todas as pessoas. Mas por que existe o mal e a doença? Eles são consequência dos pecados e dos limites humanos. Somos livres para dizer não ou sim aos planos de Deus. Quando dizemos não a Deus, cometemos o pecado e causamos sofrimentos a nós mesmos e aos outros. Por outro lado, temos um corpo que é limitado e que, aos poucos, vai perdendo sua vitalidade, seja pela idade ou por abusos que cometemos de alguma forma. Deus, no entanto, não abandona o ser humano. Através da Igreja, nos dá o Sacramento da Unção dos Enfermos para que tenhamos força para enfrentar, com amor e sem revolta, as nossas doenças.

2. JESUS VERDADE! AJUDA-ME A CONHECER A TUA PALAVRA

- Aclamar a Palavra de Deus cantando.

Canto: *apropriado ao tema.*

- Leitura do texto bíblico: Mc 2,1-12.
- Reler o texto com bastante atenção.
- Convidar a refletir a partir das perguntas e depois partilhar com os colegas.
    - Que personagens aparecem no texto?
    - O que cada um faz?
    - Por que a atitude de Jesus incomoda alguns doutores da lei?
    - Destacar as frases que mais chamam sua atenção.

Para reflexão do catequista

Conta o texto bíblico que Jesus cura um paralítico. A doença é sempre um sofrimento para o enfermo, para os familiares e os amigos. No tempo de Jesus se ensinava que uma pessoa ficava doente ou era pobre porque era pecadora. Jesus cura e perdoa, isto é, resgata a vida na sua totalidade. Jesus não aceita o sofrimento imposto para ninguém. Ele faz sua parte para libertar as pessoas de seus sofrimentos (doença, miséria, ignorância). Jesus dá vida e quer as pessoas livres.

Aprendemos com tudo isto que quando se luta para mudar o que está errado, sempre haverão dificuldades, como Jesus encontrou com os fariseus. Porém é um sofrimento que vale a pena, porque muda a realidade para melhor. Jesus também sofreu, não como uma pessoa resignada, mas por uma causa, para fazer o bem. Esse é o sentido da paixão, morte e ressurreição de Jesus.

Documentos da Igreja para a reflexão do catequista

"A enfermidade pode levar a pessoa à angústia, a fechar-se sobre si mesma, e às vezes até ao desespero e à revolta contra Deus. Mas também pode tornar a pessoa mais madura, ajudá-la a discernir em sua vida o que não é essencial, para voltar-se àquilo que é essencial. Não raro, a doença provoca uma busca de Deus, um retorno a ele"(Catecismo da Igreja Católica, 1501)."A compaixão de Cristo para com os doentes e suas numerosas curas de enfermos de todo tipo são um sinal evidente de que 'Deus visitou o seu povo' (Lc 7,16) e que o Reino de Deus está bem próximo. [...] Sua compaixão para com todos aqueles que sofrem é tão grande que ele se identifica com eles: 'Estive doente e me visitastes' (Mt 25,36)"(Catecismo da Igreja Católica, 1503)."O sacramento da Unção dos Enfermos tem por finalidade conferir uma graça especial ao cristão que está passando por dificuldades inerentes ao estado de enfermidade grave ou de velhice" (Catecismo da Igreja Católica, 1527). Esta finalidade é bem expressa na oração feita sobre o doente enquanto é ungido: "Por esta santa unção e pela sua infinita misericórdia, o Senhor venha em teu auxílio com a graça do Espírito Santo, para que, liberto dos teus pecados, ele te salve e, na sua bondade, alivie os teus sofrimentos"(Rito da Unção dos Enfermos. Introdução, n. 25).

3. JESUS CAMINHO! ABRE MEU CORAÇÃO PARA ACOLHER A TUA VONTADE

- Propor para os catequizandos refletirem e escrever no caderno:
    - O que esta Palavra de Deus nos ensina?
    - Quais foram os três maiores sofrimentos que você já passou?
    - Como você conseguiu superá-los?
- Para partilhar:
    - Que mensagem você tira para a vida?
    - Que sofrimentos há em sua família?

4. JESUS VIDA! FORTALECE A MINHA VONTADE PARA VIVER A TUA PALAVRA

- Comentar: O Sacramento da Unção dos Enfermos é um óleo abençoado com o qual se unge a pessoa doente, para que ela sinta força e a proteção de Deus.
- Orientar: Num gesto de quem quer receber esta força de Deus, vamos ficar em silêncio uns instantes e rezar por todos os doentes.

    (Deixar silêncio e após falar o nome de alguns doentes.)
- Convidar a rezar: Pai-Nosso.
- Motivar a rezar juntos o Salmo 23 – "O Senhor é meu pastor, nada me faltará».

5. COMPROMISSO

- Visitar uma pessoa doente durante a semana, na família ou no hospital, levando alegria, conforto e uma palavra amiga.

Lembrete:
Organizar a celebração festiva do envio e entrega das bem-aventuranças. (Ver anexo 1, celebração 3).

6. COMPREENDENDO A MISSA

Sinais e Símbolos Litúrgicos: A comunicação humana acontece pelo uso de palavras, símbolos, gestos, sinais e posturas do corpo humano, que traduzem um estado de espírito ou revelam algo sobre a pessoa. O símbolo tem a capacidade de comunicar e interligar a história, os sentimentos, os afetos e os conhecimentos de uma pessoa, com um conteúdo a transmitir. A celebração litúrgica utiliza um conjunto de sinais e símbolos que expressam o mistério cristão, a Páscoa de Cristo. A palavra símbolo, do grego, significa unir partes, visível e invisível. Então afirmamos que a liturgia é uma ação simbólica. Para compreender um símbolo é necessário deixar-se envolver por ele. O corpo, a mente e o coração devem estar integrados e concentrados para captar a mensagem do símbolo e mergulhar no mistério.

AVALIAÇÃO DO CATEQUISTA

Ao longo da semana, avaliar o encontro, anotar os pontos que foram fortes, como se sentiu. Procurar perceber se os objetivos foram atingidos. O que alcançou? Quais as dificuldades sentidas?

24º Encontro

Confirmados no Espírito somos jovens cristãos

Preparando o encontro

Aquele que confirma sua fé e acolhe o Espírito Santo, dom de Deus, assume características que o diferencia dos demais jovens. A partir deste compromisso viverá intensamente e com alegria sua vida. Fará suas opções e escolhas tendo como critério a conquista da dignidade e a fé.

Objetivo: Despertar nos crismados a necessidade de assumir e viver os valores cristãos, frutos do Espírito.

Preparação do ambiente: A vela, a Bíblia, fotos de jovens com diferentes expressões. Uma imagem do rosto de Jesus coberta com objetos e roupas da moda.

1. MOMENTO DE ACOLHIDA E ORAÇÃO

- Iniciar com o sinal da cruz.

Canto: *Creio na semente* (Padre Osmar Coppi). **Prover letra da música.**

- Iniciando a conversa:
  - O catequista retoma com o grupo o compromisso assumido no encontro anterior. (Deixar o grupo partilhar o que conseguiram fazer.)
  - Comentar: Nosso encontro nos convida a olharmos o presente e percebermos qual futuro queremos construir. Nós nascemos do amor de Deus e Ele nos quer felizes, isto é, pessoas realizadas e livres para nos tornarmos à sua imagem e semelhança. Vivemos num mundo onde nos oferecem boas oportunidades. O ser humano evoluiu muito nestes últimos tempos. A cada momento, novidades são oferecidas para nós. Diante disso, podemos nos perguntar:

- Precisamos de tudo o que o mundo oferece para sermos felizes?

2. JESUS VERDADE! AJUDA-ME A CONHECER A TUA PALAVRA

- Motivar: Vamos ver o que Jesus nos diz e que é necessário fazer para entrar na vida eterna, isto é, ser feliz até depois da morte.
- Leitura do texto bíblico: Mt 19,16-26.
- Reler de forma dialogada, dividir os personagens.
- Orientar a reflexão e partilha entre os catequizandos a partir das questões:
    - Que personagens aparecem no texto?
    - Qual é a preocupação do jovem?
    - O que é necessário fazer para possuir a vida eterna?
    - Qual é a preocupação dos discípulos?

Para reflexão do catequista

Um jovem aproxima-se de Jesus e pergunta-lhe: "Mestre, o que devo fazer de bom para ser digno de alcançar a vida eterna?". Jesus se admira com a pergunta a respeito do que é bom, já que só o Pai é bom. Jesus recomenda observar os mandamentos. Para entrar na vida eterna é preciso ser fiel aos mandamentos. Não cita todos, mas destaca o mandamento do amor ao próximo. Se queres conseguir a vida eterna, pratica o bem e ajuda o próximo.

O jovem se dá conta de ter observado todos aqueles mandamentos. Ele se pergunta se existe alguma coisa a mais que pode ser feita de modo a alcançar a perfeição. Jesus lhe responde: "vá e venda todos os seus bens, dê o dinheiro aos pobres. Com isso, você terá um tesouro nos céus. Depois, venha e me siga. Quando o jovem ouviu essas palavras de Jesus, ficou muito triste, pois possuía grande quantidade de bens" (v. 21-22). Diante da atitude do jovem, Jesus faz uma constatação: uma pessoa apegada às suas riquezas, dificilmente entrará no reino dos céus.

Jesus faz um apelo pessoal ao jovem. Ele possui muitos bens. Seu coração está distante de Deus, está voltado para a riqueza. Jesus sabe que as riquezas não são neutras. Ela procura subjugar o homem. Por isso, recebe o apelo de transformar seu tesouro terreno em tesouro depositado no céu. Jesus convidou o jovem a ter Deus em primeiro lugar, aceitar o convite para segui-lo, assumindo os valores que a Palavra de Deus nos transmite. Jesus pede uma decisão, uma escolha radical. Pede do jovem uma entrega total, sem reservas. Seguir Jesus é optar pelos valores que permanecem para sempre.

Documentos da Igreja para a reflexão do catequista

"A vocação e o compromisso de discípulo e missionário de Jesus Cristo" requer clara e decidida opção pela formação dos membros de nossas comunidades. O discípulo missionário é seguidor de Jesus Cristo e, como ser humano, está em constante busca do saber, fazendo a experiência de sê-lo, revela pelo seu testemunho nas atitudes de Jesus como Caminho, Verdade e Vida.

O discípulo missionário é convidado para trilhar o caminho vivendo a verdade para encontrar a verdadeira vida. A paciência e a sabedoria supõem a aceitação e a experiência do encontro com Jesus, dispor-se ao processo de formação em contínua conversão, amadurecendo no discipulado, fazer comunhão na comunidade, família, paróquia, meio escolar, social, político e assim, à medida em que conhece e ama Jesus, compartilhar a alegria de ser discípulo. O caminho de formação do seguidor de Jesus lança suas raízes na natureza dinâmica da pessoa e no convite pessoal de Jesus Cristo, que chama os seus pelo nome e estes o seguem por que lhe conhece a voz. O Senhor despertava as aspirações profundas de seus discípulos e os atraia a si, maravilhados. O seguimento é fruto de uma fascinação que responde ao desejo de realização humana, ao desejo de vida plena. O discípulo é alguém apaixonado por Cristo, a quem reconhece como o mestre que o conduz e acompanha. Somos confirmados pela força do Espírito, que nos conduz pelos caminhos da história (cf. DAp 276-278).

3. JESUS CAMINHO! ABRE MEU CORAÇÃO PARA ACOLHER A TUA VONTADE

- Diante do mundo que vivemos, o que Jesus nos diz que é necessário para ser feliz?
- O que esta Palavra de Deus fala para nós, jovens, em relação **ao mundo de hoje**?
- O que Jesus quer dizer com a expressão: "vender tudo o que tens?" O que significa "deixar tudo"?
- Comentar: O jovem tem dentro de si um grande questionamento: O que fazer para possuir a vida eterna? Jesus lança o desafio de vender tudo para possuir a vida eterna.
  - Vocês, jovens catequizandos, o que estão buscando? Qual é a opção, a escolha de vida? Qual conversão Jesus lhes pede?

4. JESUS VIDA! FORTALECE A MINHA VONTADE PARA VIVER A TUA PALAVRA

- Orientar: Olhemos para o rosto de Jesus coberto com tantas coisas que o impede de vê-lo. Digamos que valores são importantes para termos a vida eterna. A cada valor que for falado, vai-se tirando as coisas de cima do rosto de Jesus, pois só ele pode nos dar a felicidade eterna, isto é a vida eterna. (Deixar o grupo falar.)
- Motivar: Em forma de ladainha, responder após cada invocação: Lembrai-vos, Senhor...

Pelos jovens desanimados ...
Pelos jovens abandonados...
Pelos jovens tristes, doentes, sem esperança...
Pelos jovens drogados...
Pelos jovens sem família...
Pelos jovens que esqueceram de Deus...
Pelos jovens que não têm fé...
Pelos jovens que têm sonhos de construir um futuro melhor...
Pelos jovens estudantes...
Pelos jovens trabalhadores...

(O grupo pode acrescentar outras invocações.)

- De mãos dadas, glorifiquem a Deus pelas coisas boas e pelos valores que cultivamos e nos levam à vida plena: *Glória ao Pai...*

5. COMPROMISSO

- Diante dos valores que falamos, cada catequizando escolhe um para viver com mais intensidade durante a semana.
- Procurar algum amigo, colega, jovem que está sozinho, triste sem perspectiva de vida e tentar se aproximar, tornar-se amigo, devolver a alegria e a esperança.

6. COMPREENDENDO A MISSA

O ambão: Deus serve sua Palavra em uma mesa. Essa mesa especial se chama ambão, a mesa da Palavra. Quando seu povo estava no deserto, o alimentou com o maná. Depois, enviou do céu o pão da vida, seu Filho. A liturgia é o grande momento do banquete celestial em que a mesa está posta com esse pão. A Igreja distribui o pão da Palavra e do Corpo de Cristo para todos os fiéis. Não falta alimento para ninguém. A sacralidade do ambão é ressaltada pela limitação de ações rituais que nele podem ser realizadas e pelas pessoas que estão aptas a realizá-las: dado que o ambão é o lugar onde os ministros proclamam a Palavra de Deus, reserva-se por sua natureza às leituras, ao Salmo responsorial e ao precônio pascal. A homilia e a oração dos fiéis podem ser pronunciadas do ambão, já que estão intimamente ligadas a toda a liturgia da Palavra. Não é conveniente que subam ao ambão outras pessoas, como o comentarista, o cantor, o dirigente do coro (ELM 33). Desenvolvem-se nele ações simbolicamente interligadas com a Palavra que dele ganhou vida. Não teria sentido dar avisos comunitários do ambão. É terra santa. É o lugar onde se anuncia a ressurreição.

AVALIAÇÃO DO CATEQUISTA

Ao longo da semana, avaliar o encontro, anotar os pontos que foram fortes como se sentiu. Procurar perceber se os objetivos foram atingidos. O que alcançou? Quais as dificuldades sentidas?

Meu projeto de vida

25º Encontro

Preparando o encontro

Deus garante a sua presença constante em nossa vida, mas exige da nossa parte um esforço para seguirmos os seus mandamentos e assim vivermos na lei do amor. Deus não obriga ninguém a viver o seu projeto, nos deixa livres para escolher.

Objetivo: Despertar nos jovens crismandos a necessidade de construir um projeto para a sua vida em sintonia com o projeto de Jesus.

Preparação do ambiente: Balões, papéis pequenos para escrever e colocar dentro dos balões.

1. MOMENTO DE ACOLHIDA E ORAÇÃO

- Iniciar com o sinal da cruz.
- Iniciando a conversa:
    - Comentar: Estamos concluindo mais uma etapa da nossa caminhada na fé. É chegado o momento de projetarmos a nossa vida. O que cada um está buscando para sua vida? Que sonhos tenho?
    - Solicitar para escrever num papel e depois colocar a resposta dentro do balão. Encher o balão, enquanto escutam a música do Pe. Zezinho: *Em prol da vida*.
    - Orientar para que no final, todos estourem os balões e escolham um papel escrito, façam a leitura em silêncio. Durante o encontro vai responder o que é necessário fazer para alcançar e concretizar o sonho descrito.

2. JESUS VERDADE! AJUDA-ME A CONHECER A TUA PALAVRA

- Leitura do texto bíblico: Dt 30,15-20.
- Convidar a pensar e conversar sobre as compreensões em torno das perguntas:
    - Que projetos Deus apresenta ao ser humano?
    - O que é necessário fazer para vivê-los?

Para reflexão do catequista

O texto diz que Deus coloca diante do povo o bem e a vida, o mal e a morte. O povo deve observar a lei de Deus para escolher o bem e a vida. Do contrário, encontrarão o mal e a morte (também chama o mal e a morte de maldição). O povo de que fala o texto é aquele que saiu da escravidão no Egito e que estava indo para o país de Canaã para viver outra sociedade justa, fraterna, de iguais. Para eles, o mal, a morte ou maldição, eram as injustiças que viviam quando estavam no Egito e que não deviam tê-las entre eles no novo país! E se eles então, na nova terra, vivessem como sociedade justa, de respeito e sem explorações, estavam escolhendo o caminho do bem, da vida e da bênção! O texto diz, ainda, que Deus propõe uma aliança com o povo para que fiquem no bom caminho. Isso quer dizer que o povo e seus líderes deveriam se unir e assumir o projeto de Deus como projeto de vida integral.

Eles todos, com vontade própria, deveriam renunciar a aqueles males que eram cometidos na escravidão do Egito e assumir nova vida, com o respeito, a justiça, as relações de amor e perdão entre todos.

A Palavra ensina que em certos momentos ou etapas de vida, as pessoas devem ter a coragem de tomar decisões certas para orientar suas vidas. A Crisma é um desses momentos em que se aprende a orientar a vida com as mesmas motivações que Cristo teve. Ele nunca assumiu a mentira, a corrupção, as ofensas e as injustiças. Em resumo, a Crisma é como o povo no texto: decidir-se pela vida.

Documentos da Igreja para a reflexão do catequista

"A doutrina moral cristã, em suas mesmas raízes bíblicas, reconhece a importância específica de uma opção fundamental que qualifica a vida moral e que compromete radicalmente a liberdade diante de Deus. Trata-se da escolha da fé, da obediência da fé (cf. Rm 16,26), pela qual 'o homem entrega-se total e livremente a Deus prestando a Deus revelador o obséquio pleno da inteligência e da vontade'. Esta fé, que opera mediante a caridade (cf. Gl 5,6), provém do mais íntimo do homem, do seu 'coração' (cf. Rm 10,10), e daí é chamada a frutificar nas obras". [...] "Também a moral da Nova Aliança está dominada pelo apelo fundamental de Jesus para o 'seguir' assim diz ele ao jovem: 'Se queres ser perfeito (...) vem e segue-me" (Mt 19,21): a este apelo, o discípulo responde com uma decisão e escolha radical. As parábolas evangélicas do tesouro e da pérola preciosa, pela qual se vende tudo e o que se possui, são imagens eloqüentes e efetivas do caráter radical e incondicionado da opção exigida pelo Reino de Deus" (Veritatis Splendor, 66). Noutro documento, João Paulo II recorda que "nos encontramos perante um combate gigantesco e dramático entre o mal e o bem, a morte e a vida, a 'cultura da morte' e a 'cultura da vida'". [...] "todos estamos implicados e tomamos parte nele, com a responsabilidade iludível de decidir incondicionalmente a favor da vida". [...] "Trata-se de dar à nossa existência uma orientação fundamental, vivendo com fidelidade e coerência a Lei do Senhor"(Evangelium Vitae, 28).

3. JESUS CAMINHO! ABRE MEU CORAÇÃO PARA ACOLHER A TUA VONTADE

- Para conversar:
    - O que a Palavra de Deus nos ensina?
    - Qual o projeto que somos convidados a viver, conforme Deus?
    - Entendemos o que é um projeto de vida? (Deixar conversar.)

- Orientar: Cada catequizando pega o papel onde está escrito o sonho do colega e confronta-o com a Palavra de Deus. Depois, analisa:
    - O projeto que tenho em mãos está de acordo com o que nos ensina a Palavra de Deus?
    - O que é necessário fazer para realizá-lo? (Escrever para entregar ao dono do papel.)

4. JESUS VIDA! FORTALECE A MINHA VONTADE PARA VIVER A TUA PALAVRA

- Orientar:
    - Todos de pé, ao redor da Palavra de Deus. Começar com um catequizando dizendo o seu sonho. Aquele que pegou o papel que tem o sonho, entrega para ele as orientações que escreveu sobre o que é preciso realizar para concretizar o sonho e diz: "Escolha, portanto, a vida".
    - O catequizando que recebe a carta beija a Bíblia e diz amém. No final, de mãos dadas, rezar o Pai-Nosso juntos.

5. COMPROMISSO

- Propor para reler o texto bíblico.
- Solicitar que respondam a pergunta ao longo da semana.
    - O que você vai fazer para concretizar o seu projeto de vida?
- Organizar para o próximo encontro uma apresentação do projeto de Pastoral da Juventude e como participar. Esta apresentação poderá ser realizada por um catequista ou jovens da comunidade/paróquia.

6. COMPREENDENDO A MISSA

O altar: o altar é a mesa preparada pelo Senhor para alimentar com alimento celeste seus filhos. Em uma das preces de dedicação do rito de benção de um altar se pede: seja este altar a mesa festiva, para onde os convivas de Cristo acorram alegres e, colocando em vossas mãos cuidados e trabalhos, se reanimem com novo vigor para a retomada do caminho. É a mesa onde o sacrifício da cruz se torna presente sob os sinais sacramentais (IGMR 259) e também a mesa do banquete pascal. Ao entrar em uma Igreja, a primeira coisa a se identificar é seu centro, o altar, a ara, a pedra do sacrifício e de ação de graças em torno do qual todos os ritos e Sacramentos de algum modo convergem. Como afirma o Pontifical Romano, o altar é Cristo. Os batizados, membros do corpo no qual Cristo é a cabeça, tornam-se, como ele, altares espirituais nos quais oferecem a Deus o sacrifício de suas vidas. Junto com o altar e o ambão, tem-se a sedia e a cadeira do presidente da celebração, que constituem o presbitério, lugar mais elevado e de visibilidade de todos os fiéis.

AVALIAÇÃO DO CATEQUISTA

Ao longo da semana, avaliar o encontro, anotar os pontos que foram fortes. Como se sentiu? Procurar perceber se os objetivos foram atingidos. O que alcançou? Quais as dificuldades sentidas?

26º Encontro

Jovem cristão evangeliza jovem

Preparando o encontro

Um(a) jovem que participou da catequese da Iniciação à Vida Cristã, como todos os jovens, deve ter um ideal de vida. A diferença está, porém, em fazer seu caminho, tendo presente os valores cristãos. Um projeto de vida tem que ter como fundamento Jesus Cristo e seu Evangelho. Nascemos do amor de Deus. Temos uma missão que é somente nossa. Existem outros jovens que buscam o seu lugar no mundo e querem contribuir na construção de um mundo melhor.

Objetivo: Ajudar os crismandos a sentirem-se responsáveis e corajosos no anúncio de Jesus para outros jovens.

Preparação do ambiente: Material da PJ, de movimentos da juventude e outros. Convidar um jovem que participa da Pastoral da Juventude ou preparar testemunhos sobre o tema, cartões com um coração desenhado e um envelope para cada catequizando com seu nome.

1. MOMENTO DE ACOLHIDA E ORAÇÃO

- Iniciar com o sinal da cruz.

Canto: *Deixa-me ser jovem ou outro adequado ao tema.*

- Iniciando a conversa:
    - Comentar: Temos a alegria de receber em nosso encontro um jovem, que se chama...... Ele vai nos falar um pouco sobre sua vida, o que ele

faz, como e quando começou a participar da PJ e o que isto significa na vida dele. Ele poderá responder algumas dúvidas ou perguntas. (O jovem dá seu testemunho e os catequizandos fazem perguntas.)

- Caso não tenha uma pessoa disponível para relatar a experiência, o catequista trará exemplos que conhece e abordará com os catequizandos.

2. JESUS VERDADE! AJUDA-ME A CONHECER A TUA PALAVRA

- Leitura do texto bíblico: Jr 1,4-10.
- Reler com atenção o texto, destacando os aspectos importantes do diálogo entre Deus e Jeremias.
- Qual a missão que Jeremias recebe de Deus?

Para reflexão do catequista

Nenhuma pessoa escolhe, por si mesma, ser como é. Nós chegamos ao mundo assim, de graça! Nem os pais escolhem que os filhos nasçam como são. Eles pensavam tudo isso dizendo que Deus é o primeiro que nos chama a viver. Outro ponto claro é que todo o ser humano é vocação, isto é, vem ao mundo com responsabilidades, para que com aquilo que faz, o mundo vá sendo melhor. Esse modo de pensar a vida nasce da experiência constante de viver com Deus e diante de Deus entender "para que" está vivendo. O medo é o que mais impede as pessoas de cumprir sua vocação, de viver a missão junto aos demais, principalmente entre os jovens.

Nós, muitas vezes, agimos não de acordo com o certo ou errado, conforme a aprovação da sociedade. Este texto mostra que o profeta encontra a força em Deus para vencer o medo e realizar a missão: "Não tenhas medo, pois eu estou contigo"(V. 8), diz o Senhor.

A fraqueza humana não é obstáculo para Deus. Todo instrumento frágil torna-se eficaz na mão de Deus. O Senhor pede a Jeremias obediência contra as adversidades de seu ministério.

Os jovens também são convidados a ser profetas e testemunhas. Como profetas, são convidados a ensinar o caminho de Jesus Cristo aos outros jovens, evangelizar e anunciar o mistério da nossa fé: paixão, morte e ressurreição de Jesus Cristo. Ser jovem é acreditar que Deus nos faz vencer os obstáculos, nos encaminha para a felicidade e nos dá sentido da fé.

Documentos da Igreja para a reflexão do catequista

O discipulado reconhece que o " primeiro e maior evangelizador enviado por Deus (cf. Lc 4,44) e ao mesmo tempo o evangelho de Deus (cf. Rm 1,3) é Jesus Cristo". Por esta razão confessamos e anunciamos "a boa nova de Jesus, Messias, Filho de Deus" (Mc 1,1). Somos filhos de Deus, criados à sua imagem e semelhança, portanto pelo batismo o compromisso nos chama a uma resposta obediente " à voz do Pai, queremos escutar a Jesus (cf. Lc 9,35) porque ele é o único Mestre" (cf. Mt 23,8). Como seus discípulos, a Palavra de exortação nos anima à participação fiel vivendo a alegria de ser "missionários para proclamar o Evangelho de Jesus Cristo e, nele, a boa nova da digência da continuidade humana, da vida, da família, do trabalho, da ciência e da solidariedade com a criação" (cf. DAp nº 103).

"A própria vocação, a própria liberdade e a própria originalidade são dons de Deus para a plenitude e o serviço ao mundo"(cf. DAp nº 111) afirma o Documento de Aparecida ao ressaltar que a boa nova da vida é graça que é concedida para aqueles que buscam o caminho da vida em abundância em Jesus Cristo.

3. JESUS CAMINHO! ABRE MEU CORAÇÃO PARA ACOLHER A TUA VONTADE

- Motivar a refletir e conversar sobre a pergunta:
    - Diante da Palavra de Deus e dos testemunhos, que apelo Deus faz para mim?
- Orientar: Cada um escreve uma oração dizendo o apelo e seu compromisso diante de Deus no cartão preparado e o coloca dentro do envelope que contém o seu nome, que se encontra no ambiente.

4. JESUS VIDA! FORTALECE A MINHA VONTADE PARA VIVER A TUA PALAVRA

- Indicar: Ao redor da vela e da Palavra de Deus, cada um faz a prece que escreveu e a coloca no envelope, deixando-o próximo da Palavra.
- Convidar todos a estenderem a mão direita em direção a Palavra e rezar a seguinte oração:

Senhor Jesus Cristo, dignai-vos a abençoar estes envelopes para que eles sejam testemunhas da aliança que fazemos convosco. Dai a cada um de nós a fidelidade necessária para levar adiante o apelo e o compromisso que selamos convosco. Amém.

- Convidar para rezar juntos a oração do Pai-Nosso...
- O catequista chama pelo nome os catequizandos e entrega os envelopes para cada um dizendo: "Seja firme e corajoso, portanto, não tenha medo" (Josué 1,9).

5. COMPROMISSO

- Cada catequizando leva para casa seu compromisso e procura vivê-lo.
- Propor que busquem um grupo de jovens da comunidade ou da paróquia ou optem por um serviço necessário na comunidade.

Lembrete:

O catequista oferece os subsídios existentes nas dioceses para os encontros pós-crisma e iniciantes do grupo de jovens.

6. COMPREENDENDO A MISSA

O pão e o vinho: Comer e beber constituem uma das maiores experiências humanas. O pão, fruto da terra e do trabalho humano, faz parte da criação, fruto da bondade de Deus, como o vinho, símbolo de festa e da vida nova (cf. Jo 2. 1-10). São dons de Deus. Na apresentação do cálice, o sacerdote diz: "Bendito sejais, Senhor Deus do universo, pelo vinho que recebemos de vossa bondade, fruto da videira e do trabalho humano, que agora vos apresentamos e que para nós vai se tornar vinho da salvação". (Toda a criação é ofertada a Deus.)

A união entre divindade e humanidade é perfeitamente expressa na oração que o sacerdote ou o diácono faz na mistura da água no vinho: pelo mistério desta água e deste vinho, possamos participar da divindade do vosso Filho, que se dignou a assumir a nossa humanidade (MR p. 403). A tradição atribui ao vinho, Cristo, e à água, a humanidade. Jesus assume o pão e o vinho, frutos da criação e da cultura humana e lhes dá outro significado, transcendendo-os. Chama-se a si mesmo de pão da vida (cf. Jo 6,35). Eu sou o pão vivo descido do céu. Quem comer deste pão viverá para sempre. O pão que eu darei é a minha carne para a vida do mundo (Jo 6, 51). O pão é o seu corpo dado pelos pecadores, e o vinho, o sangue da nova aliança (cf. Lc 22, 19-20; 1Cor 11, 23-26). O pão e o vinho prefiguram o banquete celeste.

AVALIAÇÃO DO CATEQUISTA

Ao longo da semana, avaliar o encontro, anotar os pontos que foram fortes, como se sentiu. Procurar perceber se os objetivos foram atingidos. O que alcançou? Quais as dificuldades sentidas?

Anexos

Anexo 1
Celebrações

Celebração da Reconciliação (Confissão)

Ambientação: Uma cruz, o cartaz da Campanha da Fraternidade, vela, Bíblia.

I. RITOS INICIAIS

Mantra: *Onde reina o amor.*

Animador(a): Irmãos e irmãs, acolhemos com alegria, neste tempo favorável, cada um de vocês que aqui vieram para esta celebração. Aqui estamos para celebrar o amor e o carinho de Deus para conosco ao nos enviar seu Filho Jesus para dar sua vida e nos amar até o fim.

Canto: *Eis o tempo de conversão, eis o dia da salvação.*

Presidente: Estejam com vocês a graça e a paz de Deus, nosso Pai, de Jesus Cristo, o Senhor que se entregou para a nossa salvação para que se realize o plano do Pai.

Todos: Bendito seja Deus que nos reuniu no amor de Cristo.

Presidente: Quaresma é tempo favorável e privilegiado de preparação para a Páscoa do Senhor. Tempo de renovação de nossos compromissos batismais, tempo de revermos nossa aliança com Deus. É tempo de reconciliação com Deus e com os irmãos.

Oração: *Pai de misericórdia e Deus de toda consolação. Não desejais a morte, mas a conversão do pecador. Vinde em auxílio de vosso povo aqui reunido que se prepara para celebrar o Mistério da Páscoa de vosso Filho para que se converta e viva. Ouvindo vossa Palavra, ajudai-nos a reconhecer nossos pecados e a dar-vos graças pelo perdão recebido. Sinceros em vosso* *amor, sejamos santificados em Cristo, vosso Filho, que convosco vive e reina para sempre. Amém.*

II. LITURGIA DA PALAVRA

Canto: *Honra glória poder e louvor...*
Proclamação do Evangelho de Mt 18,23-35.

> **Breve reflexão**
>
> » O texto nos coloca diante da capacidade de perdoar e de ter compaixão com as pessoas. O amor, o perdão e a compaixão não tem limites.
>
> » O que diz o texto? Recordar a Palavra e a história contada por Jesus no Evangelho de hoje.
>
> » O Sacramento da Reconciliação é a celebração do amor incondicional de Deus que se traduz em dom de perdão e de paz. No Sacramento da Penitência, os fiéis "obtêm da misericórdia divina o perdão da ofensa a Deus, e ao mesmo tempo são reconciliados com a Igreja que eles feriram pelo pecado e que colabora para sua conversão com a caridade, o exemplo e as orações"(RP. Introdução, 4).
>
> » O importante é resgatar a comunhão com Deus e com a Igreja, olhando igualmente para a grande reconciliação com o universo, em vista da cultura dos reconciliados.
>
> » Ajudar a comunidade e os catequizandos a fazer o exame de consciência à luz da Palavra de Deus.

Rezar o Salmo 50: Todos repetem o refrão e um salmista proclama as estrofes do salmo.

Refrão: *Misericórdia, Senhor, Misericórdia, Misericórdia.*

Obs.: Se houver padre para a confissão - cada um faz a confissão individual e ao voltar toca na cruz como um gesto de quem quer buscar força e vida nova.

Se não houver confissão individual, convidar para que cada um, num gesto penitencial, se aproxime e toque na cruz. Em Cristo Jesus e pela sua cruz somos perdoados. (Fazer este gesto em silêncio, com um fundo musical.)

Oração: *Ó Deus de terna compaixão, tantas vezes nós teus filhos e filhas, desanimamos por causa das nossas fraquezas, dificuldades e pecados. Pela mesma coragem e disposição de Jesus em sua paixão, anima-nos sempre de novo. Dai-nos força para seguirmos os seus passos no caminho da cruz e ressuscitar com Ele em sua glória. Por Cristo, Nosso Senhor. Amém.*

Canto: Escolher um canto ou um Salmo de louvor e ação de graças pelo perdão recebido.

Rezemos juntos: a oração do Senhor: Pai-Nosso...

(Convidar a todos para o abraço da paz e da reconciliação.)

Oração: *Ó Deus de ternura e de compaixão, és fonte de toda ação justa e de toda Palavra boa. Vivendo a quaresma como um tempo de deserto, ensina-nos a orar. Ensina-nos a praticar o verdadeiro jejum e a repartir com os irmãos e irmãs tudo o que somos e temos. Por Cristo, Nosso Senhor. Amém.*

Presidente: *O Senhor nos abençoe e nos proteja. Ele nos guarde em seus caminhos até a Páscoa da ressurreição! Amém.*

Abençoe-nos o Deus todo poderoso, o Pai, o Filho e o Espírito Santo. Amém

Celebração da Luz e dos Dons do Espírito

2

(Esta celebração poderá ser feita na semana que antecede a celebração do Sacramento da Crisma com todos os crismandos e os pais. Onde for possível, convidar também os padrinhos. Providenciar uma vela para cada participante.)

Ambientação: No local da celebração, haja um espaço preparado para colocar o círio pascal, a Palavra de Deus e 7 velas, os sete dons escritos em tiras de papel e destacados.

- Criar um clima de silêncio e de oração com pouca luz artificial.

Mantra: *Ó luz do Senhor.*

(Durante o Mantra, entra o círio pascal que será colocado no local preparado. Ao colocá-lo, a pessoa diz o refrão com voz forte, diante do círio)

"A luz de Cristo Ressuscitado, brilhe hoje em nossa noite, acabando com toda a escuridão".

Animador: Queridos catequizandos, pais, padrinhos, irmãos e irmãs. Sejam todos bem-vindos para esta celebração da luz. É o momento que nos prepara para a celebração do Sacramento da Crisma, no qual recebemos o Espírito Santo, o dom de Deus. Nesta celebração invocamos o Espírito Santo, dom de Deus, com seus sete dons.

(Para cada dom do Espírito que for invocado, entra uma pessoa com uma vela acesa e vai acendendo as velas dos participantes gradativamente de modo que, ao entrar a sétima, se completa o acendimento das velas de todos. Colocam-se as velas sobre os dons escritos.)

Canto: *Vem, Espírito Santo, vem, vem iluminar.*

Leitor: Invocamos o dom da sabedoria (entra a primeira vela acesa).

Canto: *Senhor, vem dar-nos sabedoria.*

Animador: O Espírito Santo nos traz como dom a sabedoria.

Senhor, iluminai os nossos sentidos com a luz do vosso Espírito, para que possamos ser sempre fiéis a vos! Amém.

Leitor: Invocamos o dom do entendimento (entra a segunda vela).

Canto: *Dá-nos, Senhor, o entendimento.*

Animador: O entendimento é o dom do Espírito que mostra às nossas mentes a vontade de Deus. Senhor, inspirai os pensamentos e os propósitos do vosso povo em oração, para que veja o que deve fazer e tenha a forma necessária para realizar. Amém.

Leitor: Invocamos o dom do conselho (entra a terceira vela).

Canto: *Dá-nos, Senhor, o Teu conselho.*

Animador: O dom do conselho vem para nós pela Palavra de Deus. Ó Deus, confirmai-nos com o vosso Espírito de conselho, para que sejamos sempre autênticas testemunhas de seu amor, em palavras e atos. Amém.

Leitor: Invocamos o dom da fortaleza (entra a quarta vela).

Canto: *Senhor, vem dar-nos a fortaleza.*

Animador: A fortaleza é o dom divino que nos faz firmes na fé, nos fortalece para resistir ao mal e nos dá coragem para testemunhar Jesus com palavra e obras. Ó Pai, que na cruz de vosso Filho revelastes o poder do vosso amor, confirmai na fortaleza os nossos corações. Amém.

Leitor: Invocamos o dom da ciência (entra a quinta vela).

Canto: *Senhor, vem dar-nos divina ciência.*

Animador: Com o dom da ciência, o Espírito nos dá o conhecimento dos mistérios do Reino de Deus. Nos ajuda a fazer a experiência de Deus, em Jesus Cristo. Ó Deus, pela vossa graça, concedei que não sejamos envolvidos pelas trevas do erro, mas brilhe em nossas vidas a luz da vossa verdade e as sementes do vosso amor. Amém.

Leitor: Invocamos o dom da piedade (entra a sexta vela).

Canto: *Dá-nos, Senhor, filial piedade.*

Animador: O dom espiritual da piedade expressa a atitude que guia nossas intenções e as obras segundo Deus. Ó Deus, que a vossa graça nos preceda e acompanhe, para que estejamos sempre atentos ao bem que devemos fazer. Amém.

Leitor: Invocamos o dom do temor de Deus (entra a sétima vela).

Canto: *Dá-nos, enfim, temor, sublime.*

Animador: O temor de Deus é uma atitude espiritual que não se reduz ao medo do homem diante da santidade divina.

Ó Deus, que nos concedeis no vosso imenso amor de Pai, mais do que merecemos, derramai sobre nós a vossa misericórdia, e dai-nos a graça da perseverança no seu temor. Amém.

Todos erguendo suas velas acesas cantam.

Canto: *A nós descei, divina luz!*

Oração: *Deus, que instruístes os corações dos teus fiéis com a luz do Espírito Santo, faze com que apreciemos retamente todas as coisas, segundo o mesmo Espírito, e gozemos sempre da tua materna consolação. Por Cristo, Nosso Senhor. Amém.*

Palavra de Deus: Proclamar o texto do Evangelho de João 20,21-23.

(O animador convida para um momento de silêncio onde cada um pode retomar a Palavra de Deus.)

- Rezar ou cantar o Salmo 27 uma pessoa proclama as estrofes.
- Todos repetem após cada estrofe: *O Senhor é minha luz, ele é minha salvação.*

Preces: Ao Deus que derrama em nossos corações o seu Espírito maternal, rezemos todos juntos:

Envia Senhor teu Espírito e tua luz.

a. Por teu Espírito Santo, renova a terra e faze novas todas as coisas. Digamos...

b. Ilumina cada um dos crismandos com tua luz, Senhor, para que sejam tuas testemunhas no mundo. Digamos...

c. Por teu Espírito de luz, cura os doentes, consola os que sofrem e olha para as nossas famílias. Digamos...

d. Envia, Senhor, sobre os que vivem marginalizados e sem esperança teu Espírito de vida, de luz e de verdade. Digamos...

e. Derrama sobre nossa Igreja, sobre nossas comunidades a força renovadora do teu Espírito, para que na unidade nos dediquemos ao teu serviço. Digamos...

Rezar juntos a oração do Pai-Nosso.

Oração: (*O animador conclui com esta oração*).

Dai-nos Senhor, um coração grande, aberto à vossa Palavra de vida e verdade, dai-nos um coração grande e forte para amar a todos, para servir a todos, para sofrer por todos! Ó Espírito Santo, dai-nos um coração grande, desejoso de se tornar semelhante ao coração do Senhor Jesus. Um coração grande e forte para superar todas as provações, todo o tédio, todo o cansaço, toda a desilusão, toda a ofensa! Um coração grande e forte, constante até ao sacrifício, quando este for necessário! Ó Espírito Santo, dai-me um coração cuja felicidade seja palpitar com o coração de Cristo e cumprir humilde, fiel e firmemente a vontade do Pai. Amém. (Paulo VI.)

Canto: *Pelo Batismo recebi uma missão.*

Obs.: Ver se há comunicações a serem feitas.

Bênção: *O Deus que derramou em nossos corações, nesta celebração da luz, o Espírito do seu Filho Jesus, nos encha de alegria e consolação, agora e sempre e nos prepare para recebermos o Sacramento da Confirmação. Por Cristo, Nosso Senhor. Amém.*

3 Celebração Festiva do envio: Entrega das bem-aventuranças

(Esta celebração é proposta para ser o último encontro, no mês de setembro, como celebração de envio dos crismandos para serem testemunhas de Jesus no mundo.)

Observação: O catequista prepara o texto das bem-aventuranças em forma de pergaminho ou uma folha de ofício, ou ainda postal com letra bem legível para ser entregue a cada um dos crismandos (poderão ser colocados numa bandeja, em uma mesinha preparada antecipadamente para isto) e uma vela bonita que levarão como compromisso de ser luz no mundo.

Mantra: *Indo e vindo, trevas e luz, tudo é graça, Deus nos conduz.*

(Acender uma grande vela. Escolher um hino de abertura do ofício das comunidades. Providenciar a letra.)

Recordação da caminhada: Celebrando a festa das bem-aventuranças, queremos expressar nosso compromisso de vivermos e transmitirmos a fé recebida no Batismo e confirmada na Crisma.

Que a luz do Senhor Jesus inunde o nosso ser, ilumine nossos corações, nossas famílias e a cada um de nós.

- Convidar os crismandos a dizerem aspectos importantes vividos ao longo do Caminho de Iniciação à Vida Cristã.
    - O que destacam como importante?
    - O que mais marcou?
    - O que significou estes quatro anos de caminhada?

    (Deixar um tempo para o grupo falar.)

Animador: As bem-aventuranças são ensinamentos que Jesus Cristo pregou no Sermão da Montanha para ensinar e revelar aos homens a verdadeira felicidade. Ouçamos com atenção.

- Aclamar o Evangelho.
- Proclamar o texto do Evangelho de Mateus 5, 1-12.

Elementos que ajudam na reflexão:

> Jesus viu as multidões cansadas, sofridas e uma humanidade ferida. Por causa disto, sobe à montanha e se dirige aos discípulos com seu ensinamento. Ele os instrui para que estejam sempre atentos e de olhos abertos, para ver a realidade da vida de tantas pessoas e não voltar-se sobre si mesmos.
>
> Segundo os ensinamentos de Cristo, a nossa felicidade será plena quando, depois da nossa morte, vivermos eternamente ao lado de Deus, fonte da vida, de toda a verdade e de toda a felicidade. As bem-aventuranças anunciam também a vinda do Reino de Deus através da palavra e da ação de Jesus que tornam a justiça divina presente no mundo. Elas revelam o caráter das pessoas que pertencem ao Reino de Deus, exortando as pessoas a seguirem este jeito de ser. Resumindo e usando as palavras do Catecismo da Igreja Católica (CIC), as bem-aventuranças nos ensinam o fim último ao qual Deus nos chama: o Reino de Deus, a visão de Deus, a participação na natureza divina, a vida eterna, a filiação divina, o repouso em Deus (CIC, n. 1726).

Animador: Com este ensinamento, Jesus aponta também para cada um de nós, qual é o plano de Deus para cada batizado. Expressa como deve ser a vida do cristão, do seguidor de Jesus e onde está a verdadeira realização.

Queridos crismandos os convidamos a se a se aproximarem para receber estas bem-aventuranças.

(Com a juda dos catequistas ou dos pais, cada catequizando é chamado pelo nome e lhe é entregue a folha ou pergaminho contendo as bem-aventuranças.)

Canto: Rezar ou cantar o Salmo "Feliz o homem que teme o Senhor e segue seus mandamentos".

Oração da comunidade:

Após cada prece, todos cantam ou rezam: *Escuta-nos, Senhor da Glória!*

1. *Olhai, Senhor por estes crismandos, por seus pais e familiares, fazei que se deixem atrair pela luz de Jesus e possam seguí-lo como seus discípulos e discípulas. Rezemos...*

2. *Fortalecei, Senhor, as famílias, que vivam como seguidores da luz de Deus e possam ser exemplo de fé e de amor ao Evangelho e na vivência cristã. Rezemos...*

3. *Fazei, Senhor que todos nós nos deixemos guiar pelo Espírito que fortalece, anima e dá vida para sermos anunciadores da vossa palavra. Rezemos...*

4. *Animai, Senhor, vossos filhos e filhas na vivência das bem-aventuranças, e tornai cada um de nós feliz por viver este caminho que Jesus nos propõe. Rezemos...*

Animador: Rezemos, para que, pela vivência das bem-aventuranças possamos fazer acontecer o Reino de Deus no mundo.

Rezar juntos a oração do Pai-Nosso.

Canto final: à escolha.

Anexo 2
Encontros Complementares

Projeto pessoal de vida

1º Encontro

— Preparando o encontro —

O projeto pessoal de vida é essencial para todas as pessoas, e para a vida do jovem. Guia nas escolhas que faz no seu dia a dia. O de projeto de vida é importante para continuar a afirmar a vida como cristãos. A pessoa de Jesus é referência fundamental na vida de um cristão, assim como a fundamentação de todo o projeto de vida.

Objetivo: Proporcionar ao catequizando a elaboração de um projeto de vida em sintonia com o projeto de vida de Jesus Cristo.

Preparação do ambiente: Criar um espaço acolhedor de forma circular, no centro a Palavra de Deus, uma vela, fotos de pessoas de diferentes idades da vida. Uma folha de papel para cada crismando.

1. MOMENTO DE ACOLHIDA E ORAÇÃO
- Acolher os catequizando com alegria.
- Iniciar com o sinal da cruz.

Canto: *Um certo Galileu* (Padre Zezinho).

(Preparar a letra e a música.)

- Iniciando a conversa:
    - Comentar: Em nosso encontro, falaremos sobre o projeto pessoal de vida. O projeto pessoal de vida é importante para a pessoa humana.

É a organização coerente da vida de uma pessoa que, partindo da realidade em que se encontra, ajuda a tomar decisões, definir os passos a serem dados, em vista do ideal que deseja, segundo a vontade de Deus e os princípios cristãos. Todos precisamos ter um projeto para a vida, para atingir os objetivos, concretizar os sonhos, desenvolver o potencial pessoal, organizar e canalizar os dons que recebemos da vida.

2. JESUS VERDADE! AJUDA-ME A CONHECER A TUA PALAVRA

- Canto de Aclamação: *Buscai primeiro.*
- Leitura do texto bíblico: Mt 7, 24-27.
- Reler individualmente o mesmo texto.
  - O que o texto diz?
  - Destacar os verbos presentes no texto.
  - Cada um partilha o que mais chamou a sua atenção.

Para reflexão do catequista

O texto de Mateus ainda faz parte do cenário do "Sermão da Montanha". No cimo de um monte, Jesus continua a oferecer à sua comunidade a Lei que deve guiar o novo Povo de Deus ao longo da sua marcha pela história que guiou o povo na sua caminhada. Para uma compreensão completa, os cristãos estão desanimados e desiludidos. A sua vivência cristã entrou numa fase de desleixo, de rotina, de instalação, de conformismo; a sua fé tornou-se "morna" e sem grandes exigências. É a época em que começam a aparecer falsos profetas, que se apresentam como enviados de Deus, que reivindicam a estima e a admiração da comunidade com comportamentos de doutrinas estranhas.

O evangelista contempla com preocupação alguns sinais de esfriamento do entusiasmo inicial e de confusão. É neste contexto que Mateus compôs diversos ditos de Jesus. Ele afirma que não é suficiente utilizar palavras vãs, orações descomprometidas, sem ações firmes que fortaleçam a convivência e a intimidade com Deus. De nada vale dizer

"Senhor, Senhor", se não há abertura de coração para a prática de Jesus. As dificuldades ao longo da vida causam medo. No entanto, para aqueles que têm fé nas Palavras de Jesus, há garantias. Conhecer e abraçar o projeto de Jesus é cumprir o seu plano revelado ao longo da história. Aceitar Jesus Cristo é aceitar o plano de Deus. A fé cristã é a aceitação da pessoa de Jesus Cristo e seu Evangelho. Fé é compromisso de vida com Cristo e sua Igreja. Compromisso com o plano de Deus na vivência, na proclamação se seu projeto e na denúncia de tudo o que o contraria. As dificuldades surgem, porém passam. Tudo o que for construído com bons alicerces permanece, caso contrário, as correntes levam. Quem ouve a Palavra de Deus é como quem constrói a sua casa com bases sólidas. Maior será a segurança. Construir a vida de fé e comprometer-se com a vida requer uma vida planejada no amor, na solidariedade, na compaixão, na justiça e dignidade. Construir a vida alicerçada no projeto de Jesus exige coerência de vida em todas as atitudes desde a escolha de uma vocação, a forma de seguir Jesus, na política, nos negócios, no lazer, na profissão, na família, e na própria expressão de fé. A vida está nas mãos de cada pessoa. Compete a ela escolher onde quer construir sua casa e alicerçar seu projeto de vida.

Documentos da Igreja para a reflexão do catequista

No Documento de Aparecida nº 139, afirma-se que seguir a Jesus Cristo implica no aprendizado e na prática das "bem-aventuranças do Reino, o estilo de vida do próprio Jesus". O amor de Jesus ao Pai fundamentou-se na "sua compaixão entranhável frente à dor humana, sua proximidade aos pobres e aos pequenos, sua fidelidade à missão encomendada, seu amor serviçal até a doação de sua vida". Continua dizendo que na medida em que se contempla a Jesus Cristo à luz dos Evangelhos, o discípulo missionário tem capacidade de discernir os caminhos, por mais difíceis que se tornam as experiências de vida.

> "Identificar-se com Jesus Cristo é também compartilhar seu destino: "Onde eu estiver, aí estará também o meu servo" (Jo 12,26). O discípulo missionário, para construir seu projeto pessoal de vida, deverá abraçar a causa " inclusive até a cruz": "Se alguém quer vir após mim, negue-se a si mesmo, carregue a sua cruz e me siga" (Mc 8,34). Sendo assim, estimula ao "testemunho de tantos missionários e mártires de ontem e de hoje em nossos povos que tem chegado a compartilhar a cruz de Cristo até a entrega de sua vida" (cf. DAp 140).
>
> Bento XVI nos recorda que: "o discípulo, fundamentado assim na rocha da Palavra de Deus, sente-se motivado a levar a Boa Nova da salvação a seus irmãos. Discipulado e missão são como os dois lados de uma mesma moeda: quando o discípulo está enamorado de Cristo, não pode deixar de anunciar ao mundo que só Ele salva" (cf. At 4,12; DAp 146). O discípulo missionário tem a certeza que só a luz de Cristo alimenta a esperança, a fé e o amor. Construir o projeto pessoal inclui a opção de seguir Jesus Caminho, Verdade e Vida.

- **Comentar:** O projeto de vida expressa a própria identidade e vibra por determinados valores que sintonizam com a trajetória da história da pessoa. Fazemos projeto de vida para tornar nossas ações mais eficazes e transformadoras; para ter clareza da finalidade do que faço e onde quero chegar; para selecionar as prioridades que mais se adaptam às minhas convicções; para ter coerência entre o que acredito e o que vivo; para concretizar com mais eficácia o projeto de Jesus Cristo; para a minha realização pessoal e para ser feliz. Você é uma pessoa chamada a viver, a conviver, a servir, a crescer em todas as dimensões, isto é, estar de bem consigo mesma, com os outros seres humanos, com o universo (cosmo) que nos cerca e com Deus, O CRIADOR.

3. JESUS CAMINHO! ABRE MEU CORAÇÃO PARA ACOLHER A TUA VONTADE

- **Canto:** adequado ao tema do encontro e texto do Evangelho.
- Para pensar e responder:

- O que Jesus diz em sua Palavra?
- Como devemos proceder para construir o projeto segundo o Evangelho?
- Orientar a dinâmica da folha:
  - Entregar a folha preparada para cada catequizando. Dobrar em quatro partes iguais. Abrir e fazer vibrar comentando que a vibração é como a vida. Na medida em que caminhamos, as vibrações mudam os sons. Estamos em constante transformação.
  - Solicitar para que escrevam em cada uma das partes da folha: Relação comigo mesmo, relação com Deus, relação com o universo, relação com os outros.
  - Sobre cada relação, escrever dois aspectos positivos, dois negativos e dois ou mais aspectos que quero, de hoje em diante, viver em cada uma das relações.
  - No verso da folha, escreva: projeto pessoal de vida.

4. JESUS VIDA! FORTALECE A MINHA VONTADE PARA VIVER A TUA PALAVRA

- O Evangelho de Mateus apresenta que a vida deve ser construída com alicerces firmes na Palavra de Deus. Todos nós somos provocados a fazer escolhas para seguir o Projeto de Jesus.
- Orientar: Coloquemos a folha em que escrevemos o projeto pessoal de vida no chão, formando um caminho que leve à imagem de Jesus Cristo.
- **Canto:** *Eu sou o caminho, a verdade e a vida.*
- Concluir rezando juntos:
  - O catequista fala, todos repetem:

  Agradeço ao Senhor às luzes que me deu, para escolher a maneira de seguir a Jesus Cristo, no seu caminho. Ofereço o meu projeto de vida ao senhor pedindo a graça do Espírito Santo, por meio de Maria nossa mãe, para levá-lo à prática. Peço ao Senhor que confirme esse projeto. Amém. Pai Nosso...

5. COMPROMISSO

- Propor:
    - Com calma, durante a semana, em um ambiente de silêncio e de oração, refazer o próprio projeto de vida, destacando aspectos que não apareceram no projeto que foi realizado no encontro.
    - Podemos seguir esta proposta?
- Inicie revendo os aspectos mais importantes de sua vida: personalidade, família, estudos, trabalho, amizades, namoro, a comunidade e a sociedade em geral e responda mentalmente:
    - O que tenho de começar a fazer, já?
    - O que tenho de deixar de fazer, já?
- Questões para serem respondidas com calma, em casa. Pegue sua agenda ou caderno e de forma mais sistemática, responda as questões que propomos:
    - Quem eu sou? Características, valores, potencialidades, limites, condições de vida, etc.
    - Quem é Deus? Qual o rosto/imagem/experiência/visão de Deus que a minha vida deixa transparecer?
    - Em quais pessoas, de casa e da comunidade, confio? De quais lutas e causas participo? De quais quero participar?
    - Qual é o meu compromisso com a natureza? Que sinais concretos devo dar na vida, no cotidiano, para amar a criação?
    - Liste os recursos e pessoas que você poderá consultar para ajudar a realizar o seu projeto. Estabeleça metas a curto e a médio prazo. "Eis que faço novas todas as coisas". Fica esta certeza.

AVALIAÇÃO DO CATEQUISTA

Durante a semana, avaliar o encontro. Anotar os pontos fortes. Como se sentiu? Os objetivos foram alcançados? Quais foram as dificuldades encontradas?

Projeto pessoal de vida e opção vocacional

2º Encontro

― Preparando o encontro ―

No projeto pessoal de vida, um dos aspectos importantes é a opção vocacional. Ela é parte fundamental do projeto da pessoa humana, é determinante na conquista da felicidade e da realização humana.

Objetivo: Proporcionar ao jovem a elaboração de um projeto de vida em vista da opção vocacional, em sintonia com a proposta de Jesus Cristo.

Preparação do ambiente: Criar um espaço acolhedor de forma circular, no centro a Palavra de Deus, uma vela, imagens de pessoas nas diversas vocações específicas (vida leiga: solteiro e casado; vida consagrada: irmão e irmã; ministério ordenado: diácono, padre e bispo).

1. MOMENTO DE ACOLHIDA E ORAÇÃO

- Acolher os catequizando com alegria e iniciar o encontro com o sinal da cruz.

Canto: relacionado ao tema do encontro.

- Iniciando a conversa:
    - O projeto de vida é a organização coerente em nossa vida. Toda a pessoa é chamada à vida com uma missão específica. O projeto de vida é um apelo a olhar onde Deus me chama. Serve-se de muitos meio, como: pessoas, acontecimentos, fatos, inspirações, momentos de oração. Isto favorece para um discernimento vocacional, ou seja, para assumir uma opção de vida como leigo, irmão, irmã, padre.

MINISTÉRIOS LEIGOS: Pessoas solteiras ou casadas, são chamadas a viver o Evangelho nas realidades do mundo da família, da cultura, na economia, na arte, na educação, na saúde, na política, nas profissões. Desempenham funções específicas, ministérios ou serviços na Igreja, como a catequese, a liturgia, o conforto aos doentes e necessitados, atuam nas pastorais e nas comunidades.

VIDA CONSAGRADA: Pessoas chamadas a testemunhar Jesus Cristo, consagrando sua vida na vivência dos valores humanos e cristãos. A missão é viver total disponibilidade para Deus e para a Igreja na partilha dos dons, vivendo em comunidades conforme um carisma próprio. Dessa forma, existem na Igreja diferentes Institutos, Congregações e Sociedades de Vida Apostólica.

MINISTÉRIOS ORDENADOS: Na Igreja, alguns são chamados a servir a Deus e ao povo como diáconos, padres e bispos. Através do Sacramento da Ordem, o padre é ministro da Palavra de Deus e do perdão, preside a celebração da Eucaristia. É o primeiro animador da comunidade, colaborando na formação, organização da vida e animação fé. Atua em paróquias.

Chamados pelo batismo à vocação cristã, pertencemos a uma Igreja missionária e aberta a todos. O serviço missionário realizado por todos (padres, leigos, consagrados e consagradas). A Boa Nova de Jesus, o alegre anúncio da Salvação, dirige-se para todos os povos, nações, raças, língua e culturas.

2. JESUS VERDADE! AJUDA-ME A CONHECER A TUA PALAVRA

- Canto de Aclamação: *Eu vim para escutar*.
- Leitura do texto bíblico: Mt 9, 9-13.
- Ler individualmente o mesmo texto.
- Orientar para refletir e partilhar:
    - O que o texto diz?
    - Destacar os personagens e os verbos presentes no texto.
    - Cada um partilha o que mais chamou a sua atenção.

Para reflexão do catequista

Contemplo a cena em que Jesus passa e vê Mateus sentado no seu local de trabalho e o chama... Ele se levanta, deixa tudo e o segue... Há um novo projeto de vida! Jesus vai com seus discípulos à casa de Mateus, senta-se com ele e com os pecadores. Mateus se sente feliz... mas todos conseguimos buscar esta felicidade? De que depende? Onde buscamos a felicidade? Que opção e escolhas queremos fazer em nossa vida?

Documentos da Igreja para a reflexão do catequista

"Na América Latina a maioria da população esta formada de jovens". A afirmação do Papa Bento XVI anima os jovens a buscarem o caminho de seguimento a Jesus Cristo. "A este respeito, devemos recordar-lhes que sua vocação é ser amigos de Cristo, discípulos, sentinelas do amanhã, como costumava dizer o meu predecessor João Paulo II". João Paulo II insistiu em suas cartas e orações em favor dos jovens. Propunha-lhes caminhos de adesão ao projeto de Jesus. Foi incansável em suas homílias, apostando no potencial do jovem. "Os jovens não temem o sacrifício, mas, sim uma vida sem sentido. São sensíveis ao chamado de Cristo que os convida a segui-lo", insiste o papa. Aponta possibilidades para que possam responder ao chamado "como sacerdotes, como consagrados e consagradas, ou ainda como pais e mães de família, dedicados totalmente a servir aos seus irmãos com todo o seu tempo, sua capacidade de entrega e com sua vida inteira". Declara que sabe muito bem que os jovens, por sua índole, "encarnam as modas e tendências comuns", e são capazes "de ir mais além com uma curiosidade radical acerca do sentido da vida, e de Deus Pai-Criador e Deus Filho Redentor no seio da família humana". Insiste para que se comprometam na "renovação do mundo à luz de Deus". Notifica que lhes cabe " a tarefa de opor-se às fáceis ilusões da felicidade imediata e dos paraísos enganosos da droga, do prazer, do álcool, junto com todas as formas de violência"(cf. Mensagem do Papa Bento XVI na Abertura da V Conferência Geral do Episcopado da América Latina e Caribe em Aparecida, 13 de maio de 2007, DAp.)

3. JESUS CAMINHO! ABRE MEU CORAÇÃO PARA ACOLHER A TUA VONTADE

- Para refletir e responder:
  - O que Jesus diz em sua Palavra?
  - Qual é a atitude dos discípulos ao escutar o chamado do Mestre?
  - E nós, como seguimos Jesus Cristo?
  - O que devemos deixar e o que devemos abraçar para seguir Jesus Cristo?
- **Dinâmica:** Projeto de vida

Olhe para o caminho já andado e reflita sobre o que o Senhor tem falado a você. Podemos ir descobrindo sua vontade por diversos caminhos. Você que participou destes encontros ao longo do ano, procure elaborar um pequeno projeto de vida.

1º Passo: Escolha uma palavra chave ou uma frase da Bíblia que represente o centro do seu projeto de vida.

2º Passo: Algumas perguntas que podem ajudar:

Que decisões, atitudes ou ações concretas você pretende tomar nos seguintes aspectos:

- Relacionamento familiar.
- Vida de estudo/ esporte e preparação profissional.
- Relacionamento afetivo/sexual.
- Com relação à vocação.
- Vida da Igreja e serviço pastoral.
- Relacionamento com Deus.

4. JESUS VIDA! FORTALECE A MINHA VONTADE PARA VIVER A TUA PALAVRA

- Comentar: No Evangelho de Mateus, nós temos um jovem que é desafiado pela proposta de Jesus. Todos nós somos provocados a fazer escolhas e seguir o projeto de Jesus.
- Orientar: Já fizemos o nosso projeto. Agora coloquemos o caderno no chão formando um caminho que leve à imagem de Jesus Cristo.

Canto: adequado para o momento.

- Rezar juntos a oração:

Obrigado Senhor, pelas luzes que me deu para escolher a maneira de seguir melhor o caminho de Jesus Cristo. Ofereço o meu Projeto de Vida ao Senhor, pedindo a graça do Espírito Santo, por meio de Maria, nossa Mãe, para levá-lo à prática. Peço ao Senhor que confirme esse projeto. Amém.

- Rezar juntos: Pai-Nosso, de mãos dadas, ao redor dos cadernos colocados no caminho.

5. COMPROMISSO

- Com calma, durante a semana, em um ambiente de silêncio e de oração, refazer o próprio projeto de vida. Destacar aspectos que não apareceram no projeto que foi realizado no encontro. Retomar o projeto pessoal de vida e anotar as conquistas que realizou no dia a dia.

AVALIAÇÃO DO CATEQUISTA

Durante a semana, avaliar o encontro. Anotar os pontos fortes. Como se sentiu? Os objetivos foram alcançados? Quais foram as dificuldades encontradas?

3º Encontro

Dízimo, caminho de conversão

— Preparando o encontro —

Para assumir realmente a prática do dízimo, muitas vezes, se exige da pessoa um caminho de conversão, de mudança de mentalidade, de atitudes, de compreensão. O dízimo é uma verdadeira comunhão de bens. Não é caridade e nem esmola. Por isso, o dízimo não faz bem somente aos outros, ao próximo, mas à pessoa mesma. É a cura do coração.

Objetivo: Ajudar o grupo a compreender o dízimo como uma fonte de bênção e de comunhão entre os irmãos.

Preparação do ambiente: A Bíblia, a vela e uma bandeja vazia.

1. MOMENTO DE ACOLHIDA E ORAÇÃO

- Acolher com alegria cada um dos catequizandos e iniciar com o sinal da cruz.
- Salmo de louvor: Selecionar, preparar a letra e entregá-la para cada catequizando.
(Compor o texto ou procurar referências que tratem sobre o dízimo na internet ou livros.)

2. JESUS VERDADE! AJUDA-ME A CONHECER A TUA PALAVRA

- Leitura do textos bíblicos: Lc 2, 22-24; Lc 10,21; Lc 21,1-4; Lc 12,32-3.
- Reler os textos. Destacar as expressões e palavras que chamam a atenção.
  - O que dizem os textos?

3. JESUS CAMINHO! ABRE MEU CORAÇÃO PARA ACOLHER A TUA VONTADE

- Para refletir e responder:
    - Qual a experiência que nós temos em relação ao dízimo?
    - Como nossas famílias vivem esta dimensão?
    - O que a Palavra de Deus nos diz?
    - Como viver a gratuidade do dízimo no contexto do mundo e da sociedade que incentiva o individualismo, o acúmulo, a concorrência e a ganância?
    - O que a Palavra de Deus nos pede?
    - Que atitudes novas somos chamados a assumir?

4. JESUS VIDA! FORTALECE A MINHA VONTADE PARA VIVER A TUA PALAVRA

- Motivar: O que esta Palavra e este encontro me faz dizer a Deus? (Escrever a oração num papel).
- Orientar:
    - Na partilha, cada um faz a oração em voz alta e coloca na bandeja preparada.
    - Rezar juntos o Salmo 48.
    - Repetir frases e palavras do Salmo em forma orante.
    - Rezar juntos o Pai-Nosso, elevando a bandeja com a oração de cada um.

5. COMPROMISSO

- Conversar, em casa e com a família, sobre este encontro do dízimo. Como está sendo a nossa participação e compreensão do valor que o dízimo tem diante de Deus e da comunidade?
- Escolher uma expressão ou atitude dos textos bíblicos refletidos hoje, para ser vivida no dia a dia.

AVALIAÇÃO DO CATEQUISTA

Durante a semana, avaliar o encontro. Anotar os pontos fortes. Como se sentiu? Os objetivos foram alcançados? Quais foram as dificuldades encontradas?

Orações do cristão

Pelo sinal da santa cruz, livrai-nos Deus, Nosso Senhor, dos nossos inimigos. Em Nome do Pai e do Filho e do Espírito Santo. Amém!

OFERECIMENTO DO DIA

Adoro-vos, meu Deus, amo-vos de todo o meu coração. Agradeço-vos porque me criastes, me fizestes cristão, me conservastes a vida e a saúde. Ofereço-vos o meu dia: que todas as minhas ações correspondam à vossa vontade, e que eu faça tudo para a vossa glória e a paz dos homens. Livrai-me do pecado, do perigo e de todo mal. Que a vossa graça, bênção, luz e presença permaneçam sempre comigo e com todos aqueles que eu amo. Amém!

PAI-NOSSO

Pai nosso que estais nos céus, santificado seja o vosso nome; venha a nós o vosso reino, seja feita a vossa vontade, assim na terra como no céu. O pão nosso de cada dia nos dai hoje; perdoai-nos as nossas ofensas, assim como nós perdoamos a quem nos tem ofendido; e não nos deixeis cair em tentação, mas livrai-nos do mal. Amém!

AVE-MARIA

Ave Maria, cheia de graça, o Senhor é convosco; bendita sois vós entre as mulheres, e bendito é o fruto do vosso ventre, Jesus. Santa Maria, Mãe de Deus, rogai por nós, pecadores, agora e na hora de nossa morte. Amém!

GLÓRIA

Glória ao Pai e ao Filho e ao Espírito Santo. Como era no princípio, agora e sempre. Amém!

SALVE RAINHA

Salve, Rainha, Mãe de misericórdia, vida, doçura e esperança nossa, salve! A vós bradamos os degredados filhos de Eva. A vós suspiramos, gemendo e chorando neste vale de lágrimas. Eia, pois, advogada nossa, esses vossos olhos misericordiosos a nós volvei, e depois deste desterro, mostrai-nos Jesus, bendito fruto do vosso ventre, ó clemente, ó piedosa, ó doce e sempre Virgem Maria.
– Rogai por nós, Santa Mãe de Deus!
– Para que sejamos dignos das promessas de Cristo. Amém!

SAUDAÇÃO À NOSSA SENHORA (no tempo comum)

– O anjo do Senhor anunciou a Maria.
– E ela concebeu do Espírito Santo.
Ave Maria...
– Eis aqui a serva do Senhor.
– Faça-se em mim segundo a vossa Palavra.
Ave Maria...
– E o Verbo se fez carne.
– E habitou entre nós.
Ave, Maria...

– Rogai por nós, Santa Mãe de Deus.
– Para que sejamos dignos das promessas de Cristo.

Oremos: Infundi, Senhor, como vos pedimos, a vossa graça em nossas almas, para que nós, que pela anunciação do anjo viemos ao conhecimento da encarnação de Jesus Cristo, vosso Filho, por sua paixão e morte sejamos conduzidos à glória da ressurreição. Pelo mesmo Cristo, Senhor nosso. Amém!

Para o tempo pascal: REGINA COELI (Rainha do Céu)
– Rainha do céu, alegrai-vos, aleluia.
– Porque quem merecestes trazer em vosso puríssimo seio, aleluia.
– Ressuscitou como disse, aleluia.
– Rogai por nós a Deus, aleluia.
– Exultai e alegrai-vos, ó Virgem Maria, aleluia.
– Porque o Senhor ressuscitou verdadeiramente, aleluia.
Oremos: Ó Deus, que vos dignastes alegrar o mundo com a ressurreição do vosso Filho Jesus Cristo, Senhor nosso, concedei-nos, vo-lo suplicamos, que por sua Mãe, a Virgem Maria, alcancemos os prazeres da vida eterna. Pelo mesmo Senhor Jesus Cristo. Amém!

ANJO DE DEUS, que sois a minha guarda, e a quem fui confiado por celestial piedade, ilumina-me, guardai-me, protegei-me, governai-me. Amém!

ANJO DA GUARDA
Santo Anjo do Senhor, meu zeloso guardador, se a ti me confiou a piedade divina, sempre me rege, guarda, governa e ilumina. Amém!

CREIO EM DEUS PAI todo-poderoso, criador do céu e da terra; e em Jesus Cristo, seu único Filho, nosso Senhor; que foi concebido pelo poder do Espírito Santo; nasceu da Virgem Maria, padeceu sob Pôncio Pilatos, foi crucificado, morto e sepultado. Desceu à mansão dos mortos; ressuscitou ao terceiro dia; subiu aos céus, está sentado à direita de Deus Pai todo-poderoso, donde há de vir a julgar os vivos e os mortos. Creio no Espírito Santo, na Santa Igreja Católica, na comunhão do santos, na remissão dos pecados, na ressurreição da carne, na vida eterna. Amém!

ORAÇÃO PARA VIVER BEM O DIA
Maria, minha querida e terna mãe, colocai vossa mão sobre a minha cabeça. Guardai a minha mente, meu coração e meus sentidos, para que eu possa agradar a vós e ao vosso Jesus e meu Deus e, assim, possa partilhar da vossa felicidade no céu. Jesus e Maria, dai-me a vossa bênção: Em nome do Pai e do Filho e do Espírito Santo. Amém!

ATO DE CONTRIÇÃO I
Meu Deus, eu me arrependo de todo o coração de vos ter ofendido, porque sois tão bom e amável. Prometo, com

a vossa graça, nunca mais pecar. Meu Jesus, misericórdia!

ATO DE CONTRIÇÃO II
Senhor, eu me arrependo sinceramente de todo mal que pratiquei e do bem que deixei de fazer. Pecando, eu vos ofendi, meu Deus e Sumo Bem, digno de ser amado sobre todas as coisas. Prometo, firmemente, ajudado com a vossa graça, fazer penitência e fugir das ocasiões de pecar. Senhor, tende piedade de mim, pelos méritos da paixão, morte e ressurreição de Jesus Cristo, Nosso Salvador. Amém!

ORAÇÃO PELA FAMÍLIA
Pai, que nos protegeis e que nos destes a vida para participarmos de vossa felicidade, agradecemos o amparo que os pais nos deram desde o nascimento. Hoje queremos vos pedir pelas famílias, para que vivam na união e na alegria cristãs. Protegei nossos lares do mal e dos perigos que ameaçam a sua unidade. Pedimos para que o amor não desapareça nunca, e que os princípios do Evangelho sejam a norma de vida. Pedimos pelos lares em dificuldades, em desunião e em perigo de sucumbir, para que, lembrados do compromisso assumido na fé, encontrem o caminho do perdão, da alegria e da doação. A exemplo de São José, Maria Santíssima e Jesus, sejam nossas famílias uma pequena Igreja, onde se viva o amor. Amém!

INVOCAÇÃO AO ESPÍRITO SANTO
Vinde, Espírito Santo, enchei os corações dos vossos fiéis e acendei neles o fogo do vosso amor. Enviai o vosso Espírito e tudo será criado, e renovareis a face da Terra.
Oremos: Deus, que instruístes os corações dos vossos fiéis com a luz do Espírito Santo, fazei que apreciemos retamente todas as coisas segundo o mesmo Espírito, e gozemos sempre de sua consolação. Por Cristo, Senhor Nosso. Amém!

CONSAGRAÇÃO A NOSSA SENHORA
Ó Senhora minha, ó minha Mãe, eu me ofereço todo(a) a vós, e em prova da minha devoção para convosco vos consagro neste dia e para sempre, os meus olhos, os meus ouvidos, a minha boca, o meu coração e inteiramente todo o meu ser. E porque assim sou vosso(a), ó incomparável Mãe, guardai-me e defendei-me como coisa e propriedade vossa.

ORAÇÃO PELAS VOCAÇÕES
Jesus, Divino Mestre, que chamastes os apóstolos a vos seguirem, continuai a passar pelos nossos caminhos, pelas nossas famílias, pelas nossas escolas e continuai a repetir o convite a muitos dos nossos jovens. Dai coragem às pessoas convidadas. Dai força para que vos sejam fiéis como apóstolos leigos, como sacerdotes, como religiosos e religiosas, para o bem do povo de Deus e de toda a humanidade. Amém!

Mandamentos

Os dez MANDAMENTOS DA LEI DE DEUS, são:

1. Amar a Deus sobre todas as coisas.
2. Não tomar seu santo Nome em vão.
3. Guardar domingos e festas.
4. Honrar pai e mãe.
5. Não matar.
6. Não pecar contra a castidade.
7. Não furtar.
8. Não levantar falso testemunho.
9. Não desejar a mulher do próximo.
10. Não cobiçar as coisas alheias.

Os Mandamentos da Igreja são:

1. Participar da missa nos domingos e nas festas de guarda.
2. Confessar-se ao menos uma vez ao ano.
3. Comungar ao menos na Páscoa da ressurreição.
4. Jejuar e abster-se de carne conforme manda a Igreja.
5. Contribuir com o dízimo e ajudar a Igreja em suas necessidades.

Os Mandamentos da Caridade são:

1. Amarás ao Senhor, teu Deus, de todo o teu coração, de toda a tua alma e de toda a tua mente.
2. Amarás o teu próximo como a ti mesmo.

Pecados Capitais

Os sete PECADOS CAPITAIS:

1. Gula
2. Vaidade
3. Luxúria
4. Avareza
5. Preguiça
6. Cobiça
7. Ira

Sacramentos

Os sete SACRAMENTOS:

1. Batismo
2. Crisma ou Confirmação
3. Eucaristia
4. Penitência ou Reconciliação
5. Ordem ou Sacerdócio
6. Matrimônio
7. Unção dos Enfermos

Referências

APOSTOLADO LITÚRGICO. *Ofício divino das comunidades*. São Paulo: Paulus, 1994.

APOSTOLADO LITÚRGICO. *Revista Liturgia*, São Paulo.

BÍBLIA SAGRADA. São Paulo: Paulus,1990 [Ed. Pastoral].

BÍBLIA DO PEREGRINO. São Paulo: Paulus, 2002.

BUYST, I. *A missa memória de Jesus no coração da vida* – Equipes de liturgia/4. Petrópolis: Vozes, 1997.

CATECISMO DA IGREJA CATÓLICA. São Paulo: Loyola, 2012.

CELAM. *Manual de catequética*. São Paulo: Paulus, 2007.

CENTRO CATEQUÉTICO DIOCESANO, Diocese de Osasco. *Livro do catequista*: fé, vida, comunidade. 2. ed. São Paulo: Paulus, 2005.

CNBB. *Liturgia em mutirão* – Subsídios para formação litúrgica II. Brasília: Edições CNBB, 2009.

_____. *Liturgia em mutirão* – Subsídios para formação litúrgica I. Brasília: Edições CNBB, 2007.

_____. *Diretório Nacional de Catequese*. Brasília: Edições CNBB, 2006. [Documento 84.]

_____. Projeto Nacional de Evangelização: *Queremos ver Jesus – Caminho, verdade e vida*. Roteiros homiléticos. São Paulo: Paulus, 2002.

GUIMARÃES, M. & CARPENEDO, P. *Dia do Senhor* – Guia para as celebrações das comunidades: Ciclo ABC. São Paulo: Paulinas; Apostolados litúrgicos, 2002.

HETTER, W. J.A. *Catequesis bíblica*: viviendo el estilo de Jesús, Lectio Divina. Uruguai: Apostila, 2004.

PAIVA, V. *Catequese e liturgia*: Duas faces do mesmo mistério – Reflexões e sugestões para a iniciação entre catequese e liturgia. São Paulo: Paulus, 2008.

Anotações

CULTURAL

Administração
Antropologia
Biografias
Comunicação
Dinâmicas e Jogos
Ecologia e Meio Ambiente
Educação e Pedagogia
Filosofia
História
Letras e Literatura
Obras de referência
Política
Psicologia
Saúde e Nutrição
Serviço Social e Trabalho
Sociologia

CATEQUÉTICO PASTORAL

Catequese
Geral
Crisma
Primeira Eucaristia

Pastoral
Geral
Sacramental
Familiar
Social
Ensino Religioso Escolar

TEOLÓGICO ESPIRITUAL

Biografias
Devocionários
Espiritualidade e Mística
Espiritualidade Mariana
Franciscanismo
Autoconhecimento
Liturgia
Obras de referência
Sagrada Escritura e Livros Apócrifos

Teologia
Bíblica
Histórica
Prática
Sistemática

REVISTAS

Concilium
Estudos Bíblicos
Grande Sinal
REB (Revista Eclesiástica Brasileira)

VOZES NOBILIS

Uma linha editorial especial, com importantes autores, alto valor agregado e qualidade superior.

PRODUTOS SAZONAIS

Folhinha do Sagrado Coração de Jesus
Calendário de mesa do Sagrado Coração de Jesus
Agenda do Sagrado Coração de Jesus
Almanaque Santo Antônio
Agendinha
Diário Vozes
Meditações para o dia a dia
Encontro diário com Deus
Guia Litúrgico

VOZES DE BOLSO

Obras clássicas de Ciências Humanas em formato de bolso.

CADASTRE-SE
www.vozes.com.br

EDITORA VOZES LTDA.
Rua Frei Luís, 100 – Centro – Cep 25689-900 – Petrópolis, RJ
Tel.: (24) 2233-9000 – Fax: (24) 2231-4676 – E-mail: vendas@vozes.com.br

UNIDADES NO BRASIL: Belo Horizonte, MG – Brasília, DF – Campinas, SP – Cuiabá, MT
Curitiba, PR – Fortaleza, CE – Goiânia, GO – Juiz de Fora, MG
Manaus, AM – Petrópolis, RJ – Porto Alegre, RS – Recife, PE – Rio de Janeiro, RJ
Salvador, BA – São Paulo, SP